史说长安

隋唐卷

萧正洪 主编
霍斌 著

西安出版社

图书在版编目（CIP）数据

史说长安. 隋唐卷 / 霍斌著. -- 西安：西安出版社, 2018.1（2021.4重印）
ISBN 978-7-5541-2900-5

Ⅰ.①史… Ⅱ.①霍… Ⅲ.①西安－地方史－研究－隋唐时代 Ⅳ.①K294.11

中国版本图书馆CIP数据核字(2018)第013774号

史说长安·隋唐卷

SHISHUO CHANG'AN·SUITANG JUAN

主　　编：	萧正洪
著　者：	霍　斌
统筹策划：	范婷婷
责任编辑：	张增兰　邢美芳
责任校对：	张忝甜
装帧设计：	梅月兰　廖华英
出版发行：	西安出版社
地　　址：	西安曲江新区雁南五路1868号影视演艺大厦11层
电　　话：	（029）85253740
邮政编码：	710061
印　　刷：	永清县晔盛亚胶印有限公司
开　　本：	889mm×1194mm　1/32
印　　张：	9.5
字　　数：	184千
版　　次：	2018年1月第1版
印　　次：	2021年4月第2次印刷
书　　号：	ISBN 978-7-5541-2900-5
定　　价：	48.00元

读者购书、书店添货或发现印装质量问题，请与本公司营销部联系、调换。
电话：（029）68206213　68206222

序言

2018年是一个值得纪念的时间。

隋大业十三年（617年）五月，太原留守李渊起兵，七月进军关中，十一月攻占长安。次年五月，李渊代隋称帝，国号唐，改元武德，以长安为都城。这个在中国历史上影响重大的事件，到2018年恰好1400周年。当然，我们还可以由此上溯和下延，去寻找更多的重要的历史时刻。如果阅读史书，我们不难发现，在中国漫长的历史发展过程中，有许许多多杰出的人物、重要的制度和事件，都同长安（西安）有关，而李唐的建立，不过是其中一个事件而已，尽管后来的历史证明，它成了一个新时期的起点。事实上，自3100年前周文王、武王在沣水之畔建立都城丰、镐以来，在关中这个不算太大的地域里，发生过无数类似唐朝建国这样的能够从不同侧面体现文明进步的令人激动的故事。了解这些故事，一定可以令今人有所感悟。我们可以据之从一般意义上认识人类文明发展历程之艰辛曲折，亦能培养对如黄河、长江般源远流长的中国传统文化的特殊情感。

当然，无论以中国还是世界论，能够起到类似的历史与文化认知作用的地方不少。不过，长安还是有其特别之处。细究起来，从西周丰、镐到秦咸阳，汉、隋、唐的长安，再到明、清的西安，斗转星移，波谲云诡，其历程不可谓不曲折，而其文化内涵亦随时代演进而屡有变化，但总体而言，仍是相沿相袭，其因长期积累而形成的历史传统堪称根基深厚而且特色鲜明。中国历史上曾经做过都城或者发生过重要历史事件的地方多矣，但如长安这样传承既久、影响至大的，却也并不多见。

毫无疑问，长安作为历史上最具盛名的都城，其特色鲜明、内涵丰富，世所公认。即便从世界范围看，能够与之媲美的，亦为数不多。古代长安曾经集中了中国文化的精华，或者说，曾经是中华文化的典型代表。无论是其思想内容，还是其表达形式，皆堪称典范。要理解中国的历史及其同世界其他地区文明的关系，特别是解读中国制度文化的历史，离开了长安这座伟大的城市，恐怕很难找到正解。我们完全可以说，在当代中国，地理位置居中的西安，其实是理解中国传统与文化的一把钥匙。同时，长安在唐代以后的衰落，也提供了一个曲折发展历程的样本，其历史经验与教训足令后人沉思：如何适应新时代的挑战，以充满自信地保持自身的光荣与梦想？

这个光荣与梦想并不只是基于物质方面的表现。近代以来，随着社会的变迁，长安文化在许多人看来不过是一种久远的历史存在，光荣与梦想似乎只存在于记忆之中。国人和世界都不会不注意到古代关中的文化遗存。半坡的人面鱼纹彩陶盆、汉唐时代伟大的城垣和宏大的城市格局、博物馆里的金银器、分布于各处的帝王陵墓等等，都是人类极其宝贵的物质文化遗产。这些物质文化遗产当然是非常重要的，因为它代表了不同时代文明进程之中的璀璨与辉煌。不过，若我们仅仅重视这些多少属于外部性的表现，就可能失去对于内涵的准确理解，以至于偏离历史的本质。所以，我们也需要特别地重视长安文化的精神与气质。我们知道，历史上所有伟大的城市之所以千古留名，从根本上说，是因为其体现了某种足以反映时代特征的伟大思想和精神。我们说起长安，就会情不自禁地联想到汉唐气象，这说明长安具有有别于其他古代城市的特殊精神气质。而其空间格局和建筑的样式等等，在某种意义上说，只不过是其思想与精神气质的外在表现，是思想与精神气质的物化。

基于这样的认识，我们应当能够清晰地看到长安以及围绕其所发生的历史所体现出的特定思维方式、行为方式和时代特征。而本丛书，即是以时代为依据，试图从空间与时间两个方面，对长安及其相关的历史予以说明与解释。显然，长安作为历史文化的样本与典范，其意义包含了形而下和形而上，亦即物质与精神两个层面，本丛书的作者努力将这两个层面结合起来。一方面，作者以流畅而生动的语言，讲述了一系列引人入胜的故事；另一方面，揭示了内隐于历史过程之中的精神与文化特征。前者如一幅幅画卷，既有浓墨重彩，亦有意象白描；后者则如静夜之思，往往令人掩卷长息而感慨万千。我们从中能够看到，长安的历史演进所展现出的守正兼和的文化态度、推陈出新的制度性创设、持久的进取心、与时俱进的变革观念、立意高远的思维境界、具有宏大视野的文化包容气度，以及高标格的人文气质与精神，而并不总是萎靡不振和因循守旧，尽管这些特点也是王朝时代文化必然具有的重要属性，亦需要我们在阅读之中予以深刻的反思。

长安的历史进程还有一个重要的特点。正如我在前面已经提及的，它曾经在1000余年中作为王朝的都城而具有显赫的地位。可是，唐代以后，由于中国社会政治和经济的地理格局发生了重大改变，长安的命运由此中衰。在中国历史上，一个重要的城市长期繁荣且是全国的政治、经济、文化中心，甚至具有显著的国际影响力，后来竟然一蹶不振，陷入长期的落后境地，这种变化的轨迹是非常罕见的。明清时期，西安虽然也是西北重镇，但毕竟不同以往了。本丛书的作者也试图就此提出一些可资借鉴的思考。如果说，西安曾经经历了无可奈何花落去的旧日时光，那么今天，在新的时代中，那似曾相识的春燕如何能再次归来？

本丛书是为大众而写，但又基于较为严谨的学术思考。所以，作者们一方面力求语言生动，使作品具有较强的可读性；另一方面试图提出自己对于历史的独特认识，以解释历史发展的规律与社会变革的内在机制。由于各卷的作者思考各有特点，所以，各卷的风格与思考的角度亦颇有个性。这样的特点，似乎也有好处，因为它可以让阅读过程充满变化。在我看来，这倒也同历史过程相合，因为历史本身就是一个多元文化交汇而丰富多彩的进程。

值此《史说长安》丛书付梓之际，写此数语，以代序言。

萧正洪
（中国古都学会会长）
2017年12月20日

第四章 政治与权谋——唐长安城内的政治制度与政治名人

一 唐代优越的政治制度 … 107
二 唐太宗与魏徵 … 113
三 唐玄宗与李林甫 … 119
四 唐代宗与元载 … 129
五 唐武宗与李德裕 … 133

二 李重俊政变 … 073
三 唐隆政变 … 077
四 二王八司马事件 … 086
五 唐宪宗被杀之谜 … 094
六 甘露之变 … 098

目录

第一章 法天象地——隋唐长安城的诞生

一　隋唐长安城的选址与营建　003

二　隋唐长安城的规划布局　015

第二章 天府之国——隋唐长安城的经济基础

一　天府之国——关中平原　039

二　长安经济的东西两翼　046

三　长安经济的交通保障　051

四　关中自然环境的变化与长安的衰落　056

第三章 刀光剑影——唐长安城内的宫廷政变

一　玄武门之变　063

第七章 丝路起点——唐长安城与丝路文明

一 丝绸之路的起点：长安西市 191

二 长安城中的胡商形象及其故事 194

三 丝绸之路与唐代外来文明 199

第八章 日常生活——唐长安城内的生活与习俗

一 节日与娱乐 215

二 饮食习惯 229

三 婚丧习俗 244

第九章 佛道仙怪——唐长安城的宗教信仰与民间信仰

一 长安城内的佛寺 263

二 长安城内的道观 272

三 长安城内的民间信仰 279

结 语 286

第五章 诗歌与仕途——唐长安城内的才子悲歌

一 唐代的入仕途径与教育体制 ... 139
二 李白 ... 143
三 杜甫 ... 151
四 白居易 ... 158

第六章 权术与爱情——唐长安城内的大唐巾帼

一 一代女皇武则天 ... 167
二 上官婉儿的谜团 ... 172
三 韦皇后弑君之谜 ... 176
四 大唐第一公主——太平公主 ... 180
五 杨贵妃的爱情故事 ... 185

第一章 法天象地
——隋唐长安城的诞生

人们所熟知的唐长安城,其实并不是营建于唐代,而是隋代,原叫作大兴城,是隋文帝舍弃汉代长安城而另选新址重建的新都。李唐建国之后沿用隋的都城,更其名为长安城,现在一般称为"隋唐长安城"。隋唐长安城不仅是当时世界上最大的城市,而且是我国古代史上非常宏伟和壮丽的都城。这座城似乎是上苍特意为古代东方装点的明珠,她的辉煌璀璨照耀了300年的盛唐伟业。

一、隋唐长安城的选址与营建

隋代建新都的原因总结起来，一般认为有以下几种。

第一，汉长安城久经战乱，较为破败。

《隋书》记载，开皇二年（582年）六月，隋文帝下《营建新都诏》，就提到建新都的原因之一是"此城从汉，雕残日久，屡为战场，旧经丧乱"。北宋的《太平寰宇记》记载："文帝以长安故都年代既久，宫宇朽蠹，谋欲迁都。"

汉代长安城从始建到隋建国初期，已经经历了将近800年的时间。汉高祖五年（前202年），将秦朝的兴乐宫重加修饰并改名为长乐宫；汉高祖七年（前200年）建未央宫，萧何又主持修建了东阙、北阙、前殿、武库、太仓，自栎阳徙都长安。汉惠帝三年（前192年）

开始修建长安城墙，4年筑东面，5年筑北面，6年城就。汉武帝太初元年（前104年）开始分别兴建北宫、桂宫、明光宫、建章宫。至此汉长安城建成。西汉以后，新莽、东汉（献帝）、西晋（愍帝）、前赵、前秦、后秦、西魏、北周、隋等相继以汉长安城为都。除了岁月侵蚀，战争也加剧了汉长安城的残破。王莽新朝末年赤眉军和绿林军的战争，尤其是在魏晋南北朝大动荡时代，汉长安城屡屡作为重要战场而遭受了重创。汉长安城如同一位饱经沧桑的年迈老者，不仅自己的身体在随着年岁的增加而逐渐衰老，还要忍受如大气污染、饮用水水质差、食品安全威胁等等加剧其破败的外在伤害。

第二，长安城制度狭小，布局不合理，已经不能满足隋代统治者的需求。

《资治通鉴》记载隋文帝建新都的原因是"隋主嫌长安城制度狭小，又宫内多妖异"。"制度狭小"可以有两点解释：第一，皇宫狭小，隋文帝觉得房子不够大；第二，中央办公衙署面积不够使用。毕竟从汉到隋几百年时间，很多新的职能部门已经产生、发展、壮大。比如尚书省，由西汉时期的内朝之官，已经成为外朝宰相的衙署。更不必说，门下省、中书省的权力也在逐渐增大，办公人员数量在逐渐增加，在隋唐之际成为新的宰相机构。

汉长安城的营建本就没有事前合理的整体规划，

从而导致都城内的宫室、中央衙署与居民住宅区相混杂。北宋宋敏求的《长安志》曾记载："自两汉以后，至于晋齐梁陈，并有人家在宫阙之间，隋文帝以为不便于民，于是皇城之内，惟列府寺，不使杂居止。公私有便，风俗齐肃，实隋文新意也。"《唐会要·行幸》曾记载唐高宗李治游长安故城时说："朕观故城旧址，宫室似与百姓杂居。"百姓穿梭于皇宫和中央衙署之间的情况，既不利于统治者和官员的安全，也不利于政务的有效、迅速处理。

第三，从民生角度而言，汉长安城地下水污染严重，官民生活受到影响。

《隋书》记载，开皇元年（581年）庾季才上奏："臣仰观玄象，俯察图记，龟兆允袭，必有迁都。且尧都平阳，舜都冀土，是知帝王居止，世代不同。且汉营此城，经今将八百岁，水皆咸卤，不甚宜人。愿陛下协天人之心，为迁徙之计。"地下水是官民生活的主要水源，也是生存之本。但在隋朝初年，旧长安城的地下水已经变得又咸又苦，这使得有近800年之久的汉长安城逐渐丧失作为人类聚居地的基本条件。地下水为什么会污染呢？司马光编撰《资治通鉴》时引用了《隋书》的这段话，宋末元初的胡三省在注《资治通鉴》时解释"水皆咸卤"的原因是"京师地大人众，加以岁久壅底，垫隘秽恶，聚而不泄，则水多咸卤"，简言之就是垃圾、粪便等污秽之物在城中长期堆积、乱排，导致城市环境恶化，又经过数百年积累、渗透，从而渐渐污染到浅层地下水。

第四，汉长安城北临渭水，一直有渭河水患存在。

汉长安城北面紧邻着渭水，由于地球自转偏向力的影响，北半球河流右偏，会侵蚀右岸。也许西汉初年渭水对长安城还不构成威胁，但经过将近800年的侵蚀，这种潜在的危险越加严重。《资治通鉴》卷一八二"隋炀帝大业十一年二月"条便如此记载："初，高祖梦洪水没都城，意恶之。故迁都大兴。"杨坚的梦不会是无病呻吟，应该有现实影响。因此避免渭水日益严重的右偏侵蚀，是隋文帝迁都的原因之一。

关于隋文帝噩梦的记载并非虚言，在隋炀帝时期因为隋文帝的这个梦还引发了一场政治风波。《资治通鉴》接着记载："（大业十一年）（李）浑从子将作监敏，小名洪儿，帝疑其名应谣谶，常面告之，冀其引决。"隋炀帝认为淹没自家都城的"洪水"就是李敏。此事在《隋书》卷三七《李穆传附崇子敏传》记载为："时或言敏一名洪儿，帝疑'洪'字当谶，尝面告之，冀其引决。敏由是大惧，数与金才、善衡等屏人私语。宇文述知而奏之，竟与浑同诛，年三十九。"最终李敏还是难逃一死。

第五，隋文帝有心理阴影，这也是迁都的原因之一。

《资治通鉴》记载隋文帝建新都的原因有两点：

第一是"隋主嫌长安城制度狭小",第二是"宫内多妖异"。将近800年的皇宫,因宫闱争斗,必然有很多人含冤而死。隋文帝的恐惧源于他夺取皇权道路上的血雨腥风,即唐代诗人曹松《己亥岁》中所谓的"一将功成万骨枯"。

"时隋文帝专政,翦落宗枝,遂害纯,并世子谦及弟瓘公让、让弟议等,国除。"十二月,诛杀代王达、滕王逌。开皇元年(581年)二月,隋文帝即皇帝位。五月,杀北周静帝。

隋文帝几乎在旧长安城内杀尽宇文皇族,可谓血溢长安。政治斗争一向就是成王败寇、你死我活,本不必过于批评杨坚,但杨坚却是一名虔诚的佛教徒,因此有较大的心理阴影。这也是迁都的原因之一。

决定营建新都后,新都的选址就提上了议事日程。

当时非常讲究堪舆之学,王朝新都的选址必然要选择风水甚佳之地,绝不能敷衍了事。隋代的新都风水怎么样?应该还算不错。在隋文帝迁都6年之后,他便一统天下,结束了近300年的大动荡时代。虽然杨隋是二世而亡,但似乎不能归罪于新都的风水,因为之后仍占其都城的李唐就开启了近300年的伟业。

他们锁定了乾卦地形——龙首原南麓。龙首原南麓距离汉长安城东南20里。《隋书·高祖纪》所载《营建新都诏》云:"今之宫室,事近权宜,又非谋筮从龟,瞻星揆日，不足建皇王之邑，合大众所聚。……龙首山川原秀丽，卉物滋阜，卜食相土，宜建都邑，定鼎之基永固，无穷之业在斯。"所谓"今之宫室"就是指旧长安城。诏书中说选择这里做都城只是权宜之计，没有经过占卜和看风水。新都选在龙首山的南麓，那里不仅花草茂盛，而且是经过"卜食相土"，因此适宜建都城，如此才能保佑杨隋帝业传至无穷。

龙首原南麓到底好在哪里呢？原来这里从北往南形成东西走向的6条高坡。如果从高空俯视这个区域，地势形状很像《易经》上乾卦的六爻。乾卦作为《周易》中的第一卦，其卦辞是"元亨利贞"，唐人孔颖达解释为："元，始也；亨，通也；利，和也；贞，正也。言此卦之德，有纯阳之性，自然能以阳气始生万物，而得元始、亨通，能使物性和谐，各有其利，又能使物坚固贞正得终。"简言之此卦义是大吉大利、开太平盛世之象。

更巧妙的是，新都的总设计者宇文恺根据乾卦六爻的爻辞来进行都城布局。乾卦爻辞的内容是："初九：潜龙勿用；九二：见龙在田，利见大人；九三：君子终日乾乾，夕惕若厉，无咎；九四：或跃在渊，无咎；九五：飞龙在天，利见大人；上九：亢龙有悔。"《唐会要》卷五〇《观》记载："初，宇文恺置都，以朱雀门街南北尽郭有六条高坡，象乾卦，故于九二置宫阙，以当帝之居。九三立百司,以应君子之数。九五贵位,不欲常人居之,故置玄都观、兴善寺以镇之。"

初九是"潜龙勿用",新都就避开了北边第一道高坡。九二是"见龙在田",皇帝是真龙天子,而且是"大人"之位,故在此高坡建造皇宫。九三是君子之位,在此高坡建造皇城,成为百官办公之所。九四、上九没有特殊之处。但是,九五高坡却有些麻烦,九五乃至尊之位,一般人不能在此居住,便建了玄都观和兴善寺来镇压此处。玄都观因为刘禹锡的两首诗而家喻户晓。《元和十年自朗州至京戏赠看花诸君子》:"紫陌红尘拂面来,无人不道看花回。玄都观里桃千树,尽是刘郎去后栽。"《再游玄都观》:"百亩庭中半是苔,桃花净尽菜花开。种桃道士归何处,前度刘郎今又来。"

九五高坡就在今天西安市的小寨,这里已经成为西安最重要的核心商业圈之一,这里商业繁荣与地处贵位或许有一定关联。然而,这却带来一个问题,隋代君臣为什么不选择在九五贵位建皇宫让皇帝居住呢?

这就涉及另外一个理由——天文星占。

隋唐时期中国古代的星空划分体系发展成为"三垣二十八宿"。此体系以北极星为中心,因而其方位不在我们的正上方,而在偏北方向,古人称之为"北天"。紫微垣,就是以北极星为标准,集合周围其他各星所形成的星区。古人认为紫微垣是天帝之座,紫微垣内是天帝的居所——紫微宫。人间的帝王有两种称谓——"皇帝"和"天子",前者代表人性,后者代表神性,所谓"受命于天",这个天就是指"天帝"。因此中国古代的帝王不是"君权神授"而是"君权天授"。

因此,从天文占星思想方面来看,紫微宫被认为是天的最高神——天帝的日常居所。隋代新皇宫(即大兴宫)位于都城的最北面,如此安排不仅对应着北极的星座,尤其对应着紫微宫。所以,代替天帝君临人间的天子的日常所居在地面上就与天上的天帝居所相对应。

龙首原南麓水资源丰富,而且水质优于旧长安城,这也是选址时考虑的重要因素。

长安是中国历史上最重要的古都,汉唐长安都曾在今西安市建都,其原因较为复杂,涉及政治、经济、地理等等诸多方面,但有一点很重要:西安在汉唐时期是一座丰水城市。西安周围河流众多,自古就有"八水绕长安"之说。西汉司马相如的《上林赋》便提到"荡荡乎八川分流,相背而异态"。"八水"是指渭、泾、沣、涝、潏、滈、沪、灞8条河流,它们穿流在西安城四周。

隋的新都选址选在八水围绕之地,丰沛的水源自是一座都城能存在的根本。通过考古调查,唐长安城各坊中都分布着一定数量的水井,因此官民生活用水主要还是来自地下水。《西安晚报》2015年11月19日刊登《唐

长安八水位置示意图

长安城东市重要考古成果公布》，在500平方米之内发现3口水井，文载："有2口都用砖砌过，井深均在3米左右，且井底也有平铺砖块。"中国社会科学院考古研究所汉唐研究室副主任龚国强据此认为："水井这么浅，足可见当年东市范围的地下水位是比较高的，当年的长安应该是一座丰水城市。"

此外，谶纬对选址也产生了一定的影响，此处不做详述。需要强调一点，如以陈寅恪先生提出的"了解之同情"为出发点，以上所云乾卦地形、天文星占、谶纬学说等等，不能单纯理解为封建迷信，这些在隋唐时期是政治文化的一种表现形式。

隋文帝的新都还选择在关中，最重要的原因是两点：第一，隋文帝的统治基础为关陇集团，脱离自己政治、军事集团所在之大本营而迁徙他处，在杨隋建国初期是根本不可能的事情；第二，长安地区由于其农业、交通、水资源等等有利条件，从周、秦、汉以来，就是关中区域内建都的不二之选。

隋文帝开皇二年（582年）六月二十三日，正式下诏营建新都。他任命左仆射高颎为营新都大监，太子左庶子宇文恺为营新都副监，太府少卿张煲领营新都监丞，将作大匠刘龙、工部尚书贺娄子干、太府少卿高龙乂等都作为营建使。非常令人惊讶的是，新都的营建仅用了9个月的时间。开皇三年（583年）三月十八日，隋文帝就迁入新都。由于隋文帝杨坚在北周时的爵位是大兴公，并由此成帝业，于是命名新都为"大兴城"。此外，还有大兴门、大兴宫、大兴殿、大兴县、大兴寺，可见杨坚对"大兴"二字的喜爱。

虽然营建时间短，但是宫城、皇城、官署、坊里、两市、寺观等却都已基本建成。据张永禄在《唐代长安》中所说，按照营建新都规模之大与期限之短来看，所征民夫总数可达百万人之多。新都所需大批建造木料的来源，除采伐于关中之外，还有拆毁汉长安城宫殿、官民住宅就地取材。

李渊建唐之后，仍定都于大兴城，但更城名为长安城。李渊继续选择大兴城做都城的主要原因在于西魏、北周、隋、唐四代皇帝都出自关陇集团，而长安是统治集团的根本所在。李唐代隋，本质上只是关陇集团最高统治者的更替，关陇贵族的利益基本毫发无损。所以，关陇区域自然也是李唐王室的根基所在。唐代长安城的规模和布局"因隋之旧，无所改创"，只是随着社会政治、经济的发展而有所增修和扩建。肖爱玲在《隋唐长安城》一书中统计了唐代近300年间的长安城市建设活动，并归纳出唐代增修长安城的几个特点：

第一，大规模的改建和扩建活动主要集中于高宗、玄宗、德宗、宪宗时期，而且主要是在外郭城、大明宫、兴庆宫、夹城等处。

第二，增建大明宫。大明宫始建于唐太宗时期，之后经过高宗、玄宗、德宗、宪宗、敬宗等10余次增修扩建，成为非常雄伟富丽的皇宫。

第三，新建兴庆宫。兴庆宫是唐玄宗做藩王时的府邸。唐玄宗即位之后对兴庆宫进行了大规模扩建，从开元二年（714年）到天宝十三载（754年）前后40年时间，断断续续完成对兴庆宫的营建与扩建，使之成为与太极宫（西内）、大明宫（东内）相并肩的长安城三大内（兴庆宫为南内）。宪宗、文宗时期也有所增修。

第四，外郭城和夹城的修筑。开皇时期由于工期仓促，大兴城的外郭城很难一次性完工。之后经隋炀帝大业九年（613年）、唐高宗永徽四年（653年）及永徽五年（654年）、唐玄宗开元十八年（730年）多次修建才逐渐完工。为方便皇帝和贵族们的出行，开元时期修筑了由兴庆宫北通大明宫、南通芙蓉园的夹城。杜牧有诗云："六飞南幸芙蓉苑，十里飘香入夹城。"正是描述唐代皇帝带着妃嫔，通过夹城从大明宫到芙蓉苑的情景。此外，唐德宗贞元元年（785年）、宪宗元和二年（807年）和元和十年（815年）根据需要也修筑了夹城。

第五，为解决城市供水和城市景观建设，在隋代修建龙首渠、清明渠、永安渠的基础上，唐代新挖了城中渠、黄渠、漕渠。这样不仅完善了长安城的供水系统，而且还为城内的池沼等提供了充沛的水源。

二、隋唐长安城的规划布局

虽然隋唐长安城规模庞大，但并非杂乱无章，由于宇文恺、隋文帝等人事前规划缜密，使得这座城体现出井然有序、棋盘式的布局特点。白居易的《登观音台望城》便如此描述长安城的布局特点："百千家似围棋局，十二街如种菜畦。"

具体而言，长安城的中轴线是宫城、皇城、朱雀大街。

宫城，就是皇宫，隋代叫大兴宫，唐代改名为太极宫。太极宫宫内布局非常讲究，严格遵循古代宫室建筑原则——"前朝后寝"。以朱明门、肃章门、虔化门等宫院墙门为界，把皇宫划分为"前朝"和"内廷"前后两个部分。朱明门、虔化门以外属于"前朝"。"前朝"又依照《周礼》的外、中、内三朝制度来布局。

外朝有承天门，是宫城的南大门，北宋宋敏求的

《长安志》记载："若元正冬至，陈乐设宴，会赦宥罪，除旧布新，当万国朝贡使者、四夷宾客，则御承天门以听政焉。"因而承天门不仅有供皇帝或百官出入的职能，而且具有外朝堂的性质。承天门上不仅建有高大的阙楼，门外东西也各有朝堂，尤其是门前有南北广300步即宽约441米的东西大街，这便形成一个巨大的广场，为举行朝政及礼仪活动提供了足够的空间。承天门门址在今天西安市莲湖公园莲湖池南岸偏东位置，在此举办的活动有：开皇九年（589年）隋文帝接受平陈后统一天下的献俘仪式；唐太宗册封李治为皇太子；唐睿宗即位典礼；唐玄宗宴请王公百僚以及之后接受吐蕃宰相尚钦藏献盟书。

中朝是太极殿。太极殿是太极宫的正殿，是隋代和唐前期皇帝主要的听政视朝之地。每逢朔(初一)、望（十五）之日，皇帝都在此殿会见群臣，听政视朝。参与朔望朝的主要是京司九品以上的官员。唐高祖武德时期、唐太宗贞观时期这里是主要的论政之所，更是"贞观之治"的政治舞台。唐代一年中元日和冬至日最大的两次朝会也在太极殿举行。此外，太极殿多举行皇帝登基大典，册封皇后、太子、诸王、公主，以及宴请百官和前来大唐朝贡的使节。唐高宗以后，唐代的皇帝多移居大明宫或兴庆宫，但每逢登基或殡葬等大礼时，比如德宗、顺宗、宪宗、敬宗即位，代宗、德宗葬礼，仍移于此殿举行，因此它在长安三大内诸殿中的地位最尊。从国家政务运行便捷的角度出发，太极殿的东侧设有门下内省、弘文馆、史馆，西侧设有中书内省、舍人院，为唐代宰相以及皇帝近臣办公的处所，以备皇帝随时问事和根据皇帝的旨意及时撰写文书诏令。

内朝是两仪殿。两仪殿在太极殿之北，是太极宫的第二大殿。隋代叫中华殿，贞观五年（631年）改称两仪殿。《长安志》载："（两仪殿）常日听政视事，则临此殿。"唐朝皇帝天天举行的常朝，参与的官员主要包括：五品以上供奉官（唐前期狭义的供奉官指中书、门下两省官，这也是供奉官最广泛的用法；广义的供奉官则还包括御史台官）、尚书六部的员外郎、御史、太常博士。两仪殿作为内朝，一是皇帝与重要大臣商议国是的最重要场所，二是不需要烦琐的朝仪。如唐太宗确定立李治为太子就发生在这里。《旧唐书·长孙无忌传》记载："（贞观）十七年，太子承乾得罪，太宗欲立晋王，而限以非次，回惑不决。御两仪殿，群官尽出，独留无忌及司空房玄龄、兵部尚书李勣，谓曰：'我三子一弟，所为如此，我心无谬。'因自投于床，抽佩刀欲自刺。无忌等惊惧，争前扶抱，取佩刀以授晋王。无忌等请太宗所欲，报曰：'我欲立晋王。'无忌曰：'谨奉诏。有异议者，臣请斩之。'太宗谓晋王曰：'汝舅许汝，宜拜谢。'晋王因下拜。太宗谓无忌等曰：'公等既符我意，未知物论何如？'无忌曰：'晋王仁孝，天下属心久矣。伏乞召问百僚，必无异辞。若不蹈舞同音，臣负陛下万死。'于是建立遂定，因加授无忌太子太师。"

此外，唐太宗还经常在此与大臣、贡使举行宴会。比如贞观八年（634年）三月，太宗在此与西突厥使者举行宴会；贞观十六年（642年）十月，太宗在此与吐蕃使者举行宴会；此外，太宗还多次与五品以上官员在此举行宴会，并奏九部乐。

历史上非常有名的凌烟阁也在太极宫，位于后庭东部凝阴殿南，始建于唐太宗时期。贞观十七年（643年）二月二十八日，太宗亲自为二十四臣作赞，诏令褚遂良题写于阁上，并命阎立本画像。二十四臣中比较有名的有：房玄龄、杜如晦、长孙无忌、魏徵、尉迟敬德、李靖、柴绍、侯君集、程知节、李勣、秦叔宝。唐太宗之后的皇帝，也曾效法此故事。唐代宗时期又在凌烟阁上绘了郭子仪和李光弼的画像。唐德宗、唐宣宗也有增加绘画。"立阁图形，荣号凌烟"在唐代是褒奖大臣的一种非常重要的形式。

太极宫的正北门就是玄武门，因"玄武门之变"而家喻户晓。玄武门地处龙首原余坡上，地势较高，可以俯视皇宫。唐代这里一直是中央禁军的屯防重地，多次宫廷政变都发生在这里。

皇城，是中央衙署机关的所在地。比如三省：尚书省、门下外省、中书外省；九寺：太常寺、司农寺、大理寺、卫尉寺、光禄寺、宗正寺、太仆寺、太府寺、鸿胪寺；四监：少府监、军器监、都水监、将作监（唐代五监，还有国子监不在皇城，在务本坊）；南衙十六卫：左右卫、左右骁卫、左右武卫、左右威卫、左右金吾卫、左右领军卫、左右监门卫、左右千牛卫；还有职能与三省九寺相近，但却归属太子东宫的詹事府、左春坊、右春坊、家令寺、率更寺等等，位于皇城的东北方向；此外，太庙和太社也位于皇城。

宫城与皇城位于隋唐长安城的北方，皇城的正南门是朱雀门，朱雀门遥遥直对着长安城的正南门明德门，两门之间便是长达5020米、宽约150米的朱雀大街。此街将长安城分为左右对称的东西两部分，东半部属万年县，西半部属长安县。韩愈《早春呈水部张十八员外》诗中曾颂赞这条街："天街小雨润如酥，草色遥看近却无。最是一年春好处，绝胜烟柳满皇都。"这里的天街就是指朱雀大街。

从而隋唐长安城被井然有序地分为4个区：第一，宫殿区：太极宫及其东面的东宫、西面的掖庭宫；第二，行政区：皇城；第三，官民生活区：坊；第四，经济区：东市、西市。这样就不存在百姓人家在宫阙和府衙之间居住的杂乱情况。《长安志》载："自两汉以后，至于晋齐梁陈，并有人家在宫阙之间。隋文帝以为不便于事，于是皇城之内惟列府寺，不使雄居。"从而达到了"公私有辨，风俗齐整"的效果。

中国古代的都城一般来讲需要同时具备三个功能：居住、防御、礼制。

居住方面，第一，得有水资源；第二，土地不能过于贫瘠；第三，植被相对丰富。防御方面，为避免野兽动物或敌人的袭击，要有自然河流或山丘，或人为挖掘壕沟、人工垒墙作为屏障。《管子·乘马篇》便载："凡立国都，非于大山之下，必于广川之上；高毋近旱，而水用足；下毋近水，而沟防省；因天材，就地利，故城郭不必中规矩，道路不必中准绳。"这体现了春秋战国时期城市规划建设的基本思想。尤其是看重自然形势，要因地制宜地规划城郭与道路。

不过在隋唐以前，"礼制功能"并不是城市布局首先考虑的因素。城市建设主要还是考虑居住和防御功能，因此布局多因地制宜，不追求整齐划一。比如西汉的长安城，根据文献记载以及考古得出的汉长安城复原图，这座城虽然整体上呈方形，但并不规整，尤其是西北和南面城郭非常曲折。这是由于汉长安城是在长乐宫和未央宫建成之后才开始兴建，之后的城市规划就得迁就二宫。西北方向因受到渭水流向的影响，而不得不斜向。南面则受到龙首原高低不平的地势影响，也出现曲折。但这种不规整的布局，给汉长安城带来"斗城"的叫法。因为南墙曲折形如南斗六星，北墙曲折形如北斗七星，外加渭水相当于天上的银河，因此从政治文化角度解读，这座城便具有"天人合一"的特征。

所谓城市的礼制规划主要是依据《周礼·冬官·考工记》所载："匠人营国，方九里，旁三门，国中九经九纬，经涂九轨。左祖右社，面朝后市，市朝一夫。"简单来说就是城市应该呈正方形，每边长9里，每面城墙上各置3个门，四面总共有12座城门。每门通3条大街，3个门即有9条大街，街道宽度为车轨的9倍。宫城位于城市的最中心，其左面是祖庙（即太庙），后面是社稷，前面是朝，后面是市。《新唐书·食货志》载："古者百亩地号一夫。"市和朝的面积都是百亩。

中国古代都城的营建明确以周礼模式为指导，目前可以确定的是北魏孝文帝营建的洛阳城和营建于东魏初年的邺南城，之后便是隋唐长安城。北魏洛阳城和隋大兴城都是在新址上重新规划、营建，没有旧城在地理空间上的束缚。陈寅恪在《隋唐制度渊源略论稿》第二章《礼仪·附都城建筑》就提出："唐之宫城承隋之旧，犹清之宫城承明之旧……隋创新都，其市朝之位置所以与前此之长安殊异者，实受北魏孝文营建之洛阳都城及东魏、北齐之邺都南城之影响。"因此以上3座城可以谓一脉相承，"脉"就是指周礼模式。

隋唐长安城的周礼模式有以下几个表现：第一，城市形态虽不是正方形，但较为规整。第二，旁三门。长安城开12座城门，每面3个门：东面正中是春明门，南北分别是延兴门和通化门；西面正中是金光门，南北分别是延平门和开远门；南面正中是明德门，东西分别是启夏门和安化门；北面分3段，中段和东段分别与宫城北墙和大明宫南墙重合，但在西段也是3个门，中为景耀门，东西分别是芳林门和光化门。四面皆有3个门，门内都有大道，因此也基本符合九经九纬。

第三，左祖右社。太庙位于皇城的东南隅，太社位于皇城的西南隅。皇城南面有3个门，中为承天门，东西分别是安上门和含光门。进入安上门，便是安上门街，街西为太常寺，街东为太庙，太庙的东面是负责太庙祭祀工作的太庙署。进入含光门，便是含光门街，街西为太社，太社的西面是负责太社祭祀工作的郊社署。

至于"方九里、面朝后市、市朝一夫"，皆因城市政治、经济发展需要而有所改变。但这并不能彻底否定长安城的周礼设计模式。

隋唐长安城的坊市布局也是一大特色。

官民生活区曰坊。唐代长安城坊的数量并不固定。隋代的大兴城最初的设计是有110坊。街东有55坊及东市，街西有55坊及西市，但是在城东南因有曲江而空出两坊之地，所以为108坊。唐高宗时期由于修建大明宫，因此宫前的两坊一分为二，街东坊数由53成为55。唐玄宗即位后，原来的王府改为兴庆宫，占地一坊半，因此街东坊数又变为54。

坊的布局也效法天象和周礼。皇城之东到东外郭城，东西有3坊；皇城之西到西外郭城，东西也有3坊。宫城、皇城东西的坊，从最北到最南，有13坊，效法一年12个月加闰月。每坊都开4个门，中间有十字大街，通向东西南北4个大门。《长安志》引隋《三礼图》说：皇城的正南方有东西4坊，即形成四竖排布局，效法春夏秋冬四季，每排南北有9坊，效法《周礼》所云"王城九逵之制"，即九经九纬。此36坊只开东西两个门，中间只有横街。可能是因为此36坊位于皇城正南方，不想开北街泄气以冲城阙。如此整齐的布局形制，《长安志》赞云："棋布栉比，街衢绳直，自古帝京未之有也。"

长安城的坊市都是封闭式结构，四周都建有坊墙。坊墙均为夯筑，据中国科学院考古研究所西安唐城发掘队的考古报告《唐代长安城考古纪略》载，唐代坊墙的墙基厚度大致相同，都是在2.5～3米。

唐代的坊墙有多高呢？由于没有实物保留，我们很难通过考古来证明。但是通过文献记载，唐代坊墙的高度是略矮于成年男子的肩高。《全唐文》卷二六七收入卢俌的《对筑墙判》，事情起因是："洛阳县申界内坊墙因雨颓倒，比令修筑。坊人诉称：皆合当面自筑。不

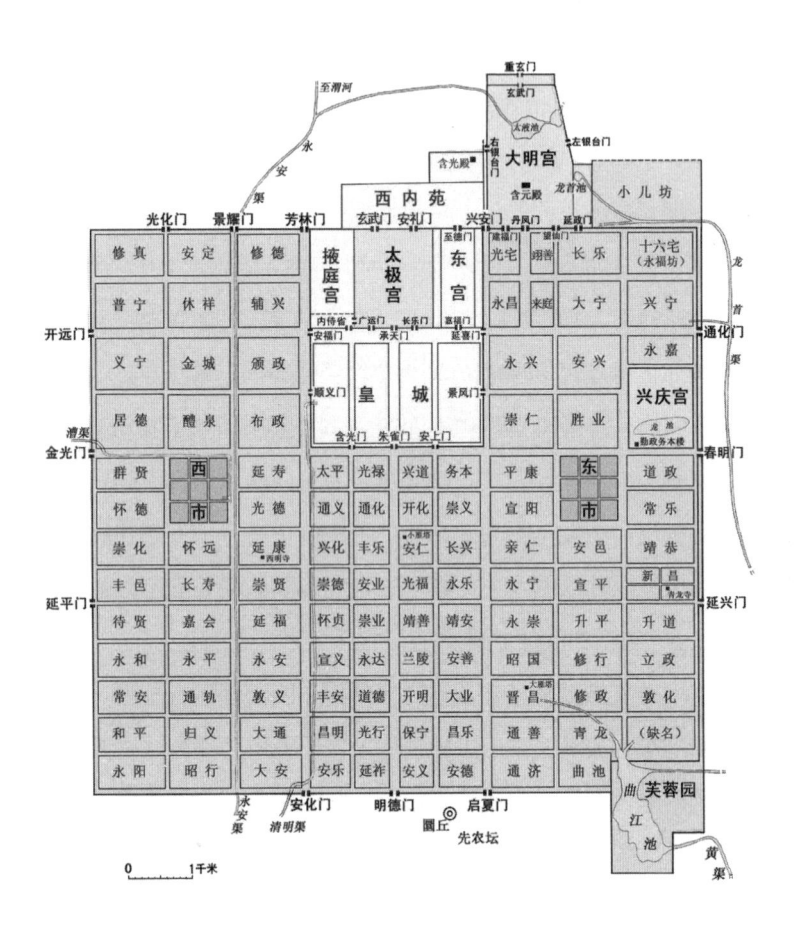

唐长安城

伏率坊内众人共修。"洛阳县的坊墙因下雨倒塌了一段，坊人希望离坊墙最近的人家负责修筑，但官府却认为应该全体坊人共修。卢俌如此写判文："坊人以东里北郭，则邑居各异；黔娄猗顿，乃家产不侔。奚事薄言，仁遵恒式；既资众力，须顺人心。垣高不可及肩，板筑何妨当面？"卢俌认为由于百姓贫富有别，还是集体修筑较好。最后一句尤其关键，证明坊墙不能超过肩高，而且是版筑即夯土墙。《全唐文》卷九八〇载阙名《对筑墙判》，命题与同前，判文中也说："广木墉，见铜驼之咫尺，仲尼数仞，无复及肩。"最后一句也提到坊墙的高度。此外，唐末著名诗人郑谷《街西晚归》诗云："御沟春水绕闲坊，信马归来傍短墙。幽榭名园临紫陌，晚风时带牡丹香。"紫陌就是指京城的道路，短墙就是指坊墙。

唐代的坊墙为什么如此矮呢？岂不是形同虚设吗？王静在《中古都城建城传说与政治文化》第二章《从"东南有天子气"论六朝都城》中，指出坊墙如此设计的目的在于区域划分，而非防御。北魏前期的都城平城（今山西大同）、后期的都城洛阳、东魏的都城邺城，坊墙的设置都是如此。尤其需要考虑到北魏鲜卑族的游牧文化。坊墙如此高度，巡逻骑兵骑在马上便可一览而尽坊内的情况，毫无隐蔽可言，如果有大规模人群集会便会被及时发现。

一说到长安城坊墙，第一反应就是封闭、落后，但是这种坊墙还带来两个意外的好处。第一，坊墙有封闭性，当发生瘟疫或流行病时，能起到隔离作用，防止疾病蔓延。第二，防火屏障。中国人民大学教授、宋史学会会长包伟民先生在《宋代城市研究》中提到：虽然坊墙的高度有一定限制，但夹街的两层坊墙以及宽畅的官街空无建筑，这就形成了一道自然的防火屏障，纵有火灾，也比较容易控制在一坊之内，不致蔓延。因此从目前文献记载中，未见唐代都城长安如宋代都城那样发生过大规模而且非常严重的火灾，坊墙起到了重要的防火功用。最后补充一句，唐代坊墙的废弃，大致在五代末宋初。

既然坊墙如此矮，会不会有人故意翻越呢？唐人其实并无此胆量。《唐律疏议》卷八便记载："越官府廨垣及坊市垣篱者，杖七十。侵坏者，亦如之。""官府廨垣"简言之就是百司衙门的墙。"坊市垣篱"指京城和诸州、县等坊与市的墙或篱笆。如果侵占坊墙之地或毁坏坊墙，依律与翻越罪，受同等处罚。

唐代的坊也有严格的管理。每天晚上关闭坊门，凌晨再开启，入夜之后不许在坊外的大街上行动，否则就犯了"犯夜"罪。

据唐律，犯夜者被抓获之后要打20鞭子。唐人很害怕犯夜，《太平广记》记载一个叫张无是的人在坊门关闭之后，仍未回到其家所在布政坊，因此只能躲在长安城大街的桥下躲避巡查，其妻见其不归，一晚上诵经不眠，担心他因"犯夜"被惩处。简言之，唐代"犯夜"罪主要针对三类人：第一，夜行者。第二，无故行者。如果是因为公事急事，或家中有吉、凶、疾病需要出坊外行的，都不会惩处。第三，出坊外行者。在关坊门后，唐人可以在坊内随便行走。

坊门的启闭是以街鼓为信号。唐初没有街鼓，要靠金吾卫早晚传呼喊叫来通知。贞观十年（636年），马周建议置六街鼓。早上击鼓的时间是在五更三筹，约现在的3点48分至4点11分59秒。翁承赞《晨兴》诗云："鼓绝天街冷雾收，晓来风景已堪愁。"日暮时，顺天门（即承天门）击鼓四百，宫城门、皇城门次第关闭；之后再击鼓六百（一说八百），坊门关闭。早晨的开门鼓击一千。

街鼓，除具有传达时间观念的作用外，还约束着唐人的行止起居。如晨时鼓后，城门、坊门次第开，意味着唐人要开启自己一天的生活；暮鼓响后，次第关闭城门、坊门，城内就禁人行走。街鼓除设置于皇城的正南门顺天门外，还要于六街设置。六街是贯穿于城门之间的3条南北向大街（朱雀街、启夏门到安兴门、安化门到芳林门）和3条东西向的大街(延兴门到延平门、春明门到金光门、通化门到开远门)，时称"六街"。姚合《同诸公会太府韩卿宅》诗云:"六街鼓绝尘埃息,四座筵开语笑同。"《南部新书》还载,长安中秋望夜,有人听见鬼吟诗曰:"六街鼓歇行人绝,九衢茫茫空有月。"

唐传奇名篇《李娃传》中就反映了当时的宵禁制度。常州刺史的公子赴京赶考,在当时长安城内著名的红灯区——平康坊遇到了娼妓李娃,公子一见倾心。他之后专门来见李娃,二人聊到很晚。老鸨让公子赶紧回家,但公子推脱说他家离得很远,在鼓声停止之前也赶不回去了,于是便住了下来。不久,他就搬来和李娃一起住,结果一年之内就被老鸨骗光了所有的钱。老鸨自然就开始嫌弃他,便打算定计将其抛弃。一天,李娃说要和公子去求子,回来时在居住于宣阳里的李娃姨母家做客。这时有人来报,说老鸨生病,命在旦夕。李娃就着急先返回平康坊,而公子则被姨母留下商量如何处理老鸨的丧事。但直至天色较晚,李娃还不回来,姨母就催公子去看看情况。但当公子来到平康坊李宅时,只见人去屋空,大门紧锁。他打算再回宣阳坊姨母家,然而此时马上就要闭坊门,他便只好在客栈暂住一夜。第二天开坊门后,公子着急去找姨母想要询问缘由。结果姨母家其实是崔尚书家,姨母只是租了一天崔家的小院子,前日公子才离开,姨母随即退房离去。小说必然会反映出现实生活中的制度,正是由于唐代的坊门要定时启闭,才使得老鸨的计谋得逞。其实安邑坊就在宣阳坊的旁边，离得非常近，但就是隔墙如隔山，可见坊的封闭效果甚佳。

唐代关闭坊门之后，主要负责在长安城巡逻检查的是金吾卫。《旧唐书·职官志》记载："左右金吾卫之职，掌宫中及京城昼夜巡警之法，以执御非违。"杜甫《陪李金吾花下饮》诗有"醉归应犯夜，可怕李金吾"之句。唐人张鷟的《龙筋凤髓判》"金吾卫二条"就载："左金吾卫将军赵宜检校街时，大理丞徐遽鼓绝后于街中行，宜决二十，奏付法，遽有故，不伏科罪。"大理丞徐遽鼓停闭坊门之后，还在坊外活动，被左金吾卫将军赵宜逮个正着。张鷟的判文如此写："徐遽躬沾士职，名属法官，应知玉律之严，颇识勾陈之禁，岂有更深夜静，仍纵辔于三条，月暗星繁，故扬鞭于五剧。前途尚远，归望犹赊，未侵豹卫之司，忽犯兽冠之吏，既缺瓜田之慎，便招楚挞之羞。付法将推，状称有故，但犯夜之罪，惟坐两条，被捉之时，曾鞭二十。元犯已从决讫，无故亦合停科。罪既总除，固宜从释。"可见最终徐遽还是依唐律被鞭打二十。

金吾卫由于人员有限未必能监视到全城的每个坊，于是唐代在城门、坊角之处，还设有武侯铺，也叫作街铺，即巡警岗哨。主要由卫士、骥骑分守，大城门有百人，大铺有30人，小城门有20人，小铺有5人。金吾卫和唐后期设置的左右街使主要是骑马巡逻，而上述武官是暗中监视,一明一暗互相配合。《太平广记》卷二五四记载:"唐有人姓崔,饮酒归犯夜,被武侯执缚,五更初,犹未解。"崔某犯夜被武侯铺的人抓获。按一般规定,犯夜被抓后鞭打二十,等到天明就放了,但彼时崔某仍未被放走。此时正要上朝的长安令刘行敏在街上遇到了他们。在马上咏诗一首:"崔生犯夜行,武侯正严更。幞头拳下落,高髻掌中擎。杖迹胸前出,绳文腕后生。愁人不惜夜,随意晓参横。"看来武侯铺的武官把崔某打得够呛,不仅用绳子绑了,还拳打杖击。唐代有五刑:笞、杖、徒、流、死。按律犯夜当是处以笞刑,而不是杖刑,武官属于滥用权力,执法不公。《旧唐书·宪宗本纪》还记载:元和三年(808年)夏四月癸丑,中使(宦官)郭里旻"酒醉犯夜,杖杀之"。此案中是否有政治斗争不得而知,但明显是过度执法,之后金吾卫将军薛伾和巡使韦纁都被贬官放逐远地。

长安城坊内的住宅非常多样化。

唐代长安城的王公贵族多是家族人口众多,妻妾成群,奴仆女婢能达到几百人,这还不算养的舞女歌伎。宅中还有马厩,最少十几匹,甚至多至几十匹,更不要说宅中还营建园林以供散步游玩。所以长安王公贵戚的住宅规模肯定非常大。朱雀街东面第一街是保宁坊,贞观初期,整个坊都是晋王李治的住宅。此坊东西514米,南北477米,面积约24.5万平方米。这当然是特例,如果每个王爷都占一坊之地作为住宅,那么长安城就成为"百王宅""王孙院"了。还有一些王公占半坊之地作为住宅，比如唐睿宗在当藩王时就占了长乐坊的一半作为住宅。还有占四分之一坊面积作为住宅的，比如郭子仪。他的住宅在朱雀大街东面第三街亲仁坊，占地面积约11.4万平方米，家口有3000多，很多人往来都不知道对方也住在郭府。

唐中宗和韦皇后的女儿长宁公主的住宅在崇仁坊。《新唐书》记载，长宁公主凭皇权庇佑，侵占了唐太宗长孙皇后舅舅高士廉的旧宅，而且占了左金吾卫原来的营地，在府里堆砌假山、挖掘池塘，同时吞并了坊西的一片空地专门做蹴鞠场。中宗和皇后常常到她家来游玩，并多次饮酒赋诗。她住宅的总面积达到21.4万平方米。韦后被杀之后，长宁公主地位也一落千丈，与夫君离开长安，顺便卖了长安的住宅。单单瓦和木料就值钱2000万贯。她的妹妹安乐公主在长安金城坊的住宅面积是5.1万平方米，府邸也非常奢华。太平公主在长安醴泉坊的住宅面积是3.5万平方米。

这些大的宅院多采用廊院式布局，在主建筑的四周围以回廊来形成院落。如东西廊之外，还附有若干个小院，南北成行。也就是在中轴线住宅之外，左右对称另建院落，形成次要轴线，形成环环相套的大规模府邸。规模小的就在廊上直接开门，通向各小院。规模大的，两院都有围廊，廊之间形成巷道，通过巷道进入各个小院。唐代传奇《昆仑奴》记载唐代宗时期有一位大臣，光歌伎就有10院，这位大臣可能是郭子仪。据说郭子仪往来每个院都要乘坐马车，可见规模之大。白居易就曾作《伤宅》诗来讽刺权贵们的豪华住宅和奢侈之风："谁家起甲第，朱门大道边？丰屋中栉比，高墙外回环。累累六七堂，栋宇相连延。一堂费百万，郁郁起青烟。洞房温且清，寒暑不能干。高堂虚且迥，坐卧见南山。绕廊紫藤架，夹砌红药栏。攀枝摘樱桃，带花移牡丹。主人此中坐，十载为大官。厨有臭败肉，库有贯朽钱。"

唐代的法律对官员和庶民的房屋结构等级也有规定，不能僭越。比如王公以下的屋舍不能用重拱、藻井等结构。三品以上官员的屋舍不能超过9架（指架梁数量，梁越多房子越大、等级越高），五品以上官员不能超过7架，六品以下官员不能超过5架。而且无论是官员还是普通百姓的宅第，都不能起楼阁，要不然就会居高临下看到别人家。

一般住宅是指低级官员和普通富人的住宅。1959年在陕西省西安市中堡村唐墓中出土了一套住宅模型，可能是中层官员的住宅。住宅的布局接近于两进式四合院，从南到北分别是：大门、亭（即前院）、中堂、后院正室；东西两边各有3处廊屋；后院中还有一座八角亭和一座带水池的假山。前院一般都是仆人所住。中堂是会客之所，一般也是所有屋舍中最富丽堂皇的地方，因为这是拿来给外人看的。至于穷人，可能更多是住杜甫曾经住过的茅屋。

当时的商业区即东市和西市。今天我们有一句俗语是"买东西"。比较早的出现"买东西"3个字是在元杂剧作家秦简夫的《东堂老劝破家子弟》第三折："【扬州奴云】哥他那里买东西去了，这早晚还不见来？"因此可以确定，最晚在元代就有了"买东西"这句俗语。那么为什么不是"买南北"呢？有一种说法是汉代进行贸易的市场，位于长安城的东面与西面，而唐代又有东市和西市，所以把去购物叫作"买东西"。这种说法应该具有一定的可能性。

唐代的东市，隋代叫"都会市"；西市，隋代叫"利人市"。由于国都在中国古代人口最为集聚、数量最多，因此国都的市便具有天然的贸易优势。《隋书·地理志》记载："京兆王都所在，俗具五方，人物混淆，华戎杂错。去农从商，争朝夕之利，游手为事，竞锥刀之末。"

《长安志》记载，东市"东、西、南、北各六百步，四面各开二门，定四面街各广百步"。唐代一步约1.47米，600步大概882米。1959年至1962年，中国科学院考古研究所西安唐城发掘队对东、西两市曾进行多次考古勘探，并多次发掘西市遗址。两市面积相近，但比文献所说每面长600步略大。西市平面呈长方形，南北长1031米，东西宽927米；东市南北长约1000米，东西宽924米。两市每面有两门，中间形成"井"字形的街，宽皆16米，通向四面，共有8个门，将全市划分成9个长方形区域。"井"字形街两侧有排水的明沟，巷内道路两侧又有砖砌的宽2米左右的排水暗沟。

两市与坊一样，周围筑墙，沿墙也有街。经过考古勘探，证明东市北面向内缩了23米，东、西、南三面向内缩了73米。这样使得市墙外面的街道拓宽了很多，这就为贸易提供了临时集散地以及开市门之前的休息场所。如白居易《卖炭翁》："牛困人饥日已高，市南门外泥中歇。"唐代的《关市令》规定："其市当以午时击鼓二百下而众大会，日入前七刻击钲三百下散。"唐代的市在正午时分才开市门，所以白居易笔下的卖炭翁在市门未开之前只能在南门外休息。

《长安志》记载："（东）市内货财二百二十行，四面立邸，四方珍奇皆所积集。"经考古勘探证明"井"字形街的两侧，店铺稠密地排列，大小不等，大者面阔10米多，小者面阔3米多，进深都是3米多。即两市的商铺，大点的一间30多平方米，小点的也就9平方米。但一些大的商家可能不止一家店铺，而是并列的几间。日本求法僧人圆仁的《入唐求法巡礼行记》记载，会昌三年（843年）六月二十七日夜间，长安发生了火灾，仅东市曹门以西24行就有4400余家被烧，据此推算，东市共有220行，合计商户可能有7.3万余家。

唐代长安城的人口分布是东贵西庶，由于唐代官员要去上朝的时间是"五更"，也就是现在的3点到5点，所以居住在东城距离宫城较近，上朝方便，尤其是唐高宗以后皇帝主要居住在大明宫。由于公卿重臣多居住于东城，导致东城的房价高于西城，东市附近房屋资源奇缺。商人必须在市场外有合适的囤货场所，考虑到商业成本等问题，商人更倾向选择到西市开店。但由于东城是富人区，所以东市卖的奢侈品可能比西市要多。

西市，当时被人称为"金市"。来到西市门前，你将看到这样的景象：熙熙攘攘的人群会聚在市门前，马车、牛车举目皆是，时而还有高大的骆驼穿梭其中。人们肤色不一，除了唐人之外，还有许多高鼻深目的粟特人、突厥人、波斯人、大食人，以及服装与国人有明显差异的日本人、吐蕃人，也会有不少黑人。所以西市被誉为丝绸之路东方的起点。西市的店铺有：衣肆、坟典肆、笔行、药材肆、大衣行、鞦辔行、马行、炭行、秤行、麸行、绢行、帛行、布行、染行、果子行、杂货行、笔行、鱼行、肉行、大米行、五熟行等等，经营各种商品交易的商贾近万家。大街四周还设有很多酒肆、旅舍及流动饮食摊点等等。通过丝绸之路来到长安经商的西域及中亚、西亚等地的胡人也多聚集西市，其中最有名的就是中亚的粟特人。西市北面的坊也成为胡人的重要聚居区。胡人在长安常常经营价值较高的金银珠宝,并将唐朝的丝绸、瓷器等贩运回本国转卖。

此外,唐人疾病观、东贵西庶、南实北虚等讲究对长安城布局也产生了一定的影响。

第二章 天府之国
——隋唐长安城的经济基础

长安是隋唐的都城，不仅是全国的政治中心，也是最重要的经济都会。她规模宏大，昌盛繁荣，最鼎盛时人口超过了百万，她的辉煌灿烂离不开她赖以存在的经济基础。

一、天府之国——关中平原

长安所处的关中平原，自然条件优越，为这座城邑的存在提供了经济基础。天府之国指土地肥沃、物产丰富、形势险固之地。一般提到"天府之国"，人们立刻就会想到成都平原，其实中国历史上最早被称为"天府之国"的是陕西关中地区。战国后期，苏秦就对秦惠王说："秦四塞之国，被山带渭，东有关河，西有汉中，南有巴蜀，北有代马，此天府也。"杜甫《秋兴》诗云"秦中自古帝王州"，此与其天府之国的自然环境密不可分。关中，一般指陕西省的中部地带，位于秦岭以北、渭河两岸，东到潼关，西至陇山，南接秦岭，北抵子午岭、黄龙山，号称"八百里秦川"。气候上属温带半湿润季风气候。关中境内土地肥沃、地势平坦、物产富饶、交通发达。

考古证明，早在60万至100万年前，陕西省蓝田县就有属于旧石器时代的蓝田猿人活动。约15万到20余万年前，陕西省大荔县有属于旧石器时代早期智人的大荔人存在。此外，还有著名的属于约6000年前新石器时代中期的陕西临潼区的姜寨遗址。1953年在西安市东郊发现了半坡遗址，这是一处距今5600至6700年的新石器时代仰韶文化的母系氏族聚落遗址。此类遗址仅在关中地区就发现了400多处。由此不难想象，远古时期的关中地区莽莽森林、丰茂草木、肥沃土壤、滔滔河水为古人果实采摘、木材伐取、农业种植、狩猎、汲水、捕捞提供了优越环境。因此说关中是孕育中华文明的重要摇篮。

对关中地区土壤肥沃的记载，较早见于秦汉时期。楚汉战争结束后，刘敬曾建议汉高祖刘邦定都关中。他说："秦地被山带河，四塞以为固。卒然有急，百万之众可具也。因秦之故，资甚美膏腴之地，此所谓天府者也。陛下入关而都之，山东虽乱，秦之故地可全而有也。"张良也赞成刘敬的观点，他认为："夫关中左殽、函，右陇、蜀，沃野千里，南有巴蜀之饶，北有胡苑之利，阻三面而守独以一面专制诸侯。诸侯安定，河、渭漕挽天下，西给京师；诸侯有变，顺流而下足以委输。此所谓金城千里，天府之国也。刘敬说是也。"《史记·货殖列传》记载："关中自汧、雍以东至河、华，膏壤沃野千里，自虞夏之贡以为上田。"东汉张衡在《西京赋》中称赞关中是"尔乃广衍沃野，厥田上上，寔为地之奥区神皋"。到了唐代，肥沃的关中土地仍得到夸赞。杜佑在《通典》中说："雍州之地，厥田上上，鄠、杜之饶，号称陆海。"《新唐书》记载："秦地膏腴，田上上。"《文苑英华》卷五二六收录唐人的判文也有类似表述："三秦奥壤，陆海良田。原隰条分，沟塍脉散。泾渭傍润，郑白疏流。荷锸成云，决渠降雨。秔稻漠漠，黍稷油油。无爽蝉鸣之期，有至凤冠之稔。其地则上，厥价惟高。"

关中河流众多，水力资源也十分丰富。诚如上文所言，汉唐时期便有"八水绕长安"之说。渭河不仅是关中最大的河流，更是黄河最大的支流。唐代诗人司空曙便有"漫漫一川横渭水"之句。渭河是关中的母亲河，她西出甘肃渭源县，蜿蜒曲折，横贯关中，全长818米，流域面积达6.25万平方千米。渭河支流众多，属不对称羽状水系。右岸支流较多，源远流长，但较大支流集中在北岸，短促湍急。长安八水的其他七水，其实都属于渭河的支流。对渭河描写的诗句还见有王维的《奉和圣制从蓬莱向兴庆阁道中留春雨中春望之作应制》云："渭水自萦秦塞曲，黄山旧绕汉宫斜。"李白《君子有所思行》云："渭水银河清，横天流不息。"白居易《渭上偶钓》云："渭水如镜色，中有鲤与鲂。"

此外，农业收成的好坏除受土壤影响之外，水利灌溉也尤其重要。清人张鹏飞《修关中水利议》曾言："关中据百川上游，导引最易。"关中地区自秦代以来就一直重视水利设施建设。秦国在渭北地区修建郑国渠，进一步优化了关中的生态环境，促进了当地的农业生产，从而提高了秦国的综合国力，为统一全国的大业奠定了基础。汉以后又继续在关中大力兴修水利，不仅扩大了旧有的灌溉渠系，而且兴建了白渠、成国渠、漕渠、龙首渠等规模较大的水利工程。

唐代也一直重视关中地区的水利建设。如《文苑英华》卷五二八就曾载"三辅名区，千里奥壤。决渠为雨，荷锸成云。衣食之源，见资於畎亩；桑麻之地，实赖于沟渠"，指明此举的重要性。唐代在关中兴修水利主要有两个方面：修复旧渠、开凿新渠。

郑国渠和白渠是秦汉时期在关中兴修的较早的而且非常重要的水利工程。但东汉迁都洛阳之后，两渠渐渐废弃。直至北周时期，关中的重要性再次凸显，才又开始修缮渠堰。据《通典》记载，唐高宗永徽六年（655年），雍州长史长孙祥奏言："往日郑白渠，溉田四万余顷……请修营此渠，以便百姓。至于咸卤，亦堪为水田。"这是重修旧渠的开始。唐高宗积极赞同。太尉长孙无忌也认为："白渠水带泥淤，灌田益其肥美。又渠水发源本高，向下枝分极众，若使流至同州，则水饶足。"唐代宗大历十二年（777年），京兆尹黎干又开决郑、白两个支渠，"复秦汉水道，以溉陆田"。但由于权贵达官沿渠立私家水碾，导致二渠的水力减弱，灌溉面积有限。大历时二渠的灌溉面积是"六千二百余顷"，仅为秦汉时期的七分之一左右。唐后期在白渠的基础上，自北向南开太白、中白、南白三渠，总称为"三白渠"。太白渠经泾阳县东北10里，东流进川河，下接北周时所开的富平堰。中白渠于唐敬宗宝历二年（826年）增设彭公堰，分疏4条支渠，从而大大扩展了灌溉面积。从此中白渠成为白渠的主干渠。兴修于汉武帝时期的成国渠，北魏时重新开凿，西魏时建造堤堰，置六斗门来节水流，因此又称为"六门堰"。之后，淤塞不通，唐代又先后5次兴修。唐后期灌溉面积达武功、兴平、咸阳、高陵4县的2万多顷民田，重要性居关中首位。

唐高祖武德二年（619年），曾引白渠水注入下邽县(今陕西渭南市临渭区渭河北)南20里的金氏二陂，再东入渭水，用以灌溉农田。武德七年（624年），同州治中云得臣又开渠自龙门引黄河水灌溉农田6000余顷。唐玄宗开元四年（716年），陕州刺史姜师度分别在华州郑县西南30里修"利俗渠"，引乔谷水灌田，后又于该县东南15里开"罗文渠"，支分溉田。姜师度还在华州华阴县西开"敷水渠"，之后华州刺史樊枕复凿之，

"使通渭漕"。开元初年，姜师度导引洛水，并堰黄河水注入同州朝邑县（今陕西大荔县西）北4里的通灵陂，灌溉稻田"二千余顷"。由于姜师度喜好修筑渠漕，同时期的太史令傅孝忠又善占星纬，当时人做谚语云："傅孝忠两眼看天，姜师度一心穿地。"雍州司士参军强循看到京兆府华原县（今陕西铜川耀州区）无泉，人畜多渴死，便教授百姓凿渠引河以解干旱，人称所凿渠为"强公渠"。此外，隋朝统治者还从长安城东、南引浐水、潏水、洨水，入城后称为龙首渠、永安渠、清明渠。龙首渠进城之后南折永嘉坊，一支向西，一支向南入兴庆坊，再进东市。据考古证明，渠宽6米，两壁和底部均敷砌青砖。永安渠进城后，经大安坊北流，经西市北去。清明渠紧沿安化门北流入城，渠水直接入皇城。虽然三渠之水主要供给京师各阶层生活用水，但特殊情况下也引入民田，起灌溉作用。如唐文宗开成二年（837年），京畿久旱不雨，京兆尹崔珙就奏请文宗，把导引浐水入苑的龙首渠中十分之九的水"赐贫民溉田"。

另外，巍峨、莽莽的秦岭成为关中的生态荫庇。秦岭，不仅是关中诸多河渠的水源所在，而且森林覆盖率很高，成为重要的林木产地。韩愈的《南山诗》云："吾闻京城南，兹惟群山围……夏炎百木盛，荫郁增埋覆。"储光羲的《终南幽居献苏侍郎三首时拜太祝未上》诗云："深林开一道，青嶂成四邻。"京兆府周至县的司竹园，千亩竹林，周回百里，成为唐代国家用竹的主要供给地。

总而言之，被誉为"天府之国"的关中平原，由于土壤肥沃、水资源丰富、自然环境优越，为长安的繁荣富庶奠定了经济基础。

二、长安经济的东西两翼

关中平原虽然富庶,但由于国力发展,长安城人口增加,粮食供给势必会出现问题,因此不得不仰赖他处供给。《新唐书·食货志》就载:"唐都长安,而关中号称沃野,然其土地狭,所出不足以给京师,备水旱,故常转漕东南之粟。"史念海先生在《开元天宝时期长安的文化》中虽然夸赞了关中的经济基础,但是也指出关中经济能力有限。随着唐朝国力的发展、人口的增加,关中平原的各类供应完全不能满足国都的需要。其实这一点远在秦始皇时已经显露出了端倪。秦时关中所产的粮食已难满足需要,而远取之于琅琊、黄、腄之地,也就是山东半岛的东端。汉需求更加巨大,关东的广大地区都参与了供应。隋时开凿运河,也是为了解决这个问题。太行山的东面、长江下游三角洲、太湖流域等地区，都是当时经济富庶的地区，运河的开凿必然有利于长安的经济繁荣。

隋唐长安经济发展的东翼是运河。关中早在秦始皇时期就出现了缺粮的问题，需要远取今天山东省东部粮食供给咸阳。汉代需要的更多，关东广大地区都要尽量供应。定都长安之前，张良就明确指出："诸侯安定，河、渭漕挽天下，西给京师。"因此，漕运是关中经济的命脉。隋代开凿几条运河，目的就在于漕运。隋唐时期的运河及其相连水系可以从长安一直通到最北的涿郡（今北京），东南一直延伸到长江三角洲和太湖流域。当时太行山以东地区、长江三角洲、太湖流域都是经济富庶、产粮量高的区域，运河的开凿有利于解决长安城官民的粮食供给。

关东各地经过运河，溯渭河而上，直抵长安城东的东渭桥下。东渭桥位于今西安市东北灞河、泾河和渭河处的东侧。唐代在此设大仓，然后再由这里中转沿渭河运漕粮至长安。李白曾作诗云："漕引救关辅，疲人免涂泥。"一直到唐后期东渭桥都千船涌动。李频《东渭桥晚眺》诗云："秦地有吴舟，千樯渭曲头。"正是这种体现。天宝元年（742年），唐玄宗"命陕郡太守韦坚引浐水开广运潭于望春亭之东，以通河、渭"，又命"京兆尹韩朝宗又分渭水入自金光门，置潭于西市之西街，以贮材木"。次年，广运潭建成。《旧唐书·食货志》记载:"关中漕渠,凿广运潭以挽山东之粟,岁四百万石。"广运潭现在已经开发,是西安"皇城复兴"战略之一,在盛唐时期它是长安最重要的水港。渭水也直接引入西市,那么水运就如同人体的动脉血管,以长安为首,遍及关中以东地区。

唐前期关中的粮食主要来自关东各地,但安史之乱后河北平原被藩镇所割据,从而长江下游的漕运变得更为重要,此区域成为唐后期的经济命脉。安史之乱中,黄河流域是主要战场,其中东都所在的河南府人口锐减,开元时有12万户,宪宗元和年间(806—820年)统计仅剩1.8万户,户口数减少85%。《旧唐书·郭子仪传》中有安史之乱后洛阳地区的情形:"夫以东周之地,久陷贼中,宫室焚烧,十不存一。百曹荒废,曾无尺椽,中间畿内,不满千户。井邑榛棘,豺狼所嗥,既乏军储,又鲜人力,东至郑、汴,达于徐方,北自覃怀,经于相土,人烟断绝,千里萧条。"而长江流域由于远离战火,北人南迁,户口显著增加,土地开发,经济增长。唐后期江淮地区成为最重要的贡赋区域,贡赋凭借运河源源不断输往长安。唐德宗朝"岁漕运江、淮米四十万石,以益关中"。《旧唐书》还载唐德宗时,"增江淮之运,浙江东、西岁运米七十五万石,复以两税易米百万石,江西、湖南、鄂岳、福建、岭南米亦百二十万石,诏浙江东、西节度使韩滉,淮南节度使杜亚运至东、西渭桥仓"。东南已经成为长安的重要财源。

唐后期汴河的重要性越发突出。唐代的汴河即隋代修的通济渠,连接了黄河和淮河水系,沟通江淮与中原,位居枢纽之地。其中又以汴州位置至关重要。五代和北宋建都于开封,就与其枢纽地位有关。《宋史》载定都汴梁的原因是"以大梁四方所凑,天下之枢,可以临制四海,故卜京邑而定都"。当时的开封周围有着极为优越的水利网络设施,河湖密布,交通极为便利。而开封正是这些河流的中枢,也是向外辐射的水上交通要道。国家所必需的各种物资,在都城的附近就能获得,即使偶有水旱,也不至于捉襟见肘。

唐末长安地位的下降,与关中粮食供给不便有关。作为长安东翼的运河,并非一直通畅。首先,从洛阳到长安的水运段有黄河的"三门底柱之险",虽然唐玄宗时期的裴耀卿采取过整治措施,但是到唐德宗时期还是出现了"岁漕经底柱,覆者几半"。其次,人为破坏。《旧唐书·裴休传》载:"自太和已来重臣领使者,岁漕江、淮米不过四十万石,能至渭河仓者十不三四。漕吏狡蠹,败溺百端。官舟沉溺者岁七十余只。"经过裴休的3年整饬,"漕米至渭、河仓者一百二十万斛,更无沉舟之弊"。因而，汴州相比较于长安，更有漕运之便，更有财富保障。

长安西翼的经济保障是丝绸之路。丝路以长安为东方出发站，经过河西走廊，抵达天山南北，翻越葱岭，到达中亚和欧洲。丝绸之路上商人行旅往来不绝，互通有无，带来了沿线城市的经济繁荣。

三、长安经济的交通保障

长安周围四通八达的道路,使其成为重要的交通枢纽。因为交通便利以及利益诱惑,各种货物纷至沓来,保证了长安的经济繁荣。

据《唐六典》所载,唐开元时全国设26座关,其中6座上关和6座中关都设在长安周围。依据唐前期的军事制度,关没有固定的士兵把守,其主要的职能是勘验往来行人的通行证,因此关必然是位于交通要道之上。

长安周围的6座上关是:京兆府蓝田关(今陕西蓝田东南);华州潼关(今陕西潼关东北);同州蒲津关(今陕西大荔朝邑镇东);岐州散关(今陕西宝鸡南);陇州大震关(今陕西陇县西北);原州陇山关(今宁夏固原西南西兰公路经过的六盘山上)。6座中关是:京兆府子午关(今陕西西安长安区西南);骆谷关（今陕西周至西南）；库谷关（今陕西西安长安区东南）；同州龙门关（今陕西韩城东北）；会州会宁关（今甘肃靖远西北）；原州木峡关（今宁夏固原西南）。这样便以长安为中心，向外辐射出12条道路。

第一条路出蓝田关，东南行，过商州（今陕西商县），经内乡县（今河南西峡），至邓州（今河南邓州），再往南就是襄阳和荆州，循长江而下可至长江下游，转入湘水，进入潭州（今湖南长沙）可至岭南的广州。第二条路出潼关，东行，至洛阳。第三条路出蒲津关，过黄河就是蒲州（今山西永济西南），东北经过绛州（今山西新绛），沿汾水北上，抵达并州（今山西太原西南）；再从并州东行，出井陉关抵达河北。第四条路出龙门关，过黄河抵达龙门县（今山西河津），东行至绛州。第五条路出散关，翻秦岭，到达梁州（今陕西汉中），西南行，抵达益州（今四川成都）。第六条路出骆谷关，南至洋州（今陕西洋县），可至梁州。第七条路出子午关，也可至洋州。第八条路出库谷关，越秦岭，至金州（今陕西安康）。第九条路出大震关，过陇山，经秦州（今甘肃天水）、渭州（今甘肃陇西）、临洮（今甘肃临洮）和河州（今甘肃临夏），出凤林关（今临夏县西北黄河南岸），至鄯州（今青海乐都），越祁连山，至甘州（今甘肃张掖）；再西行，经瓜州（今甘肃安西东南）出玉门关（今甘肃安西东），

唐代长安6座上关的大致方位图

经伊、西两州（今新疆哈密和吐鲁番东南），再往西至安西都护府所治的龟兹镇（今新疆库车）。如从当时的玉门关西行，可至沙州（今甘肃敦煌）。第十条路出陇山关，由长安至原州，再西北行经过邠州（今陕西彬县）和泾州（今甘肃泾川），经过弹筝峡，登上六盘山，就是陇山关；出陇山关的道路西至渭州，再西至临洮军。第十一、十二条路出木峡关、会宁关，若出木峡关，北行至原州，再西行，出石门关，再出会宁关，至凉州（今甘肃武威），也可通西域。

唐代对出入关有严格的管理制度。通过查阅《唐律疏议》《唐六典》《天圣令·关市令》就可知其梗概。唐代的关置令、丞，掌官民进出关口的检查。《新唐书·百官志》记载："上关，令一人，从八品下；丞二人，从九品下。中关，令一人，正九品下；丞一人，从九品下。下关，令一人，亦从九品下。掌禁末游、察奸慝。"从关门进出，必须要有过所、公验等通关文书。日本求法僧圆仁的《入唐求法巡礼行记》就记载："(八)月四日，到阴地关，关司勘出。"如果没有通关文书，就属于"偷渡"，被抓住后按唐律会被判处1年徒刑。唐太宗时玄奘赴印度取经，就属于偷渡。这点与《西游记》中唐僧以"御弟"的高贵身份去取经完全不同。据程喜霖先生在《唐代过所研究》："稽查行人过所在于禁暴察奸、防卫治安，保证国家税源和兵源，于是稳定编户，缉获逃户、逃兵，是关司的职责，也是国家置关的目的。所以过所时规定行人的公验过所必具行客身份、名年，随员身份、名年，所携物品、牲口名数、出行目的诸项，前引公验过所诸件就是明证。可知关津主司稽查行人良奸，一查行人是否持有过所或公验，无者拘留；二验行人过所真伪，冒度者拘留；三核查过所具列诸项，合则勘过，不合则违制，拘留送州发落。凡属私度、越度、冒度者，按情节轻重治罪。"

上关和中关的道路上，都分布有官用的驿站，此外还有私人开设的店肆。唐代杜佑的《通典》记载开元年间，"东至宋汴，西至岐州，夹路列店肆待客，酒馔丰溢，每店皆有驴赁客乘，倏忽数十里，谓之驿驴。南诣荆襄，北至太原、范阳，西至蜀川、凉府，皆有店肆以供商旅，远适数千里，不持寸刃"。

长安能作为国内国际的商业贸易中心，与其水陆交通的发达不无关系，只有如此才能将四方货物转运至长安，才能为长安的经济繁荣奠定基础。

四、关中自然环境的变化与长安的衰落

长安的衰落与中国古代经济重心的南移相伴随,而关中自然环境的变化对经济重心的南移又产生影响。

中国历史时期的气候变化大致是冷暖交替。7世纪中期,大约在唐太宗贞观之后,气温比今天要高,这种状况一直持续到10世纪的后半叶,即北宋立国之后。11世纪初气候转寒,12世纪初气候变寒加剧。因此唐宋之际恰好是由暖转寒的气候变化期。这种变化首先影响到粮食作物的生长期,如北宋时期黄河流域的谷物收获期大大迟于唐代。其次,影响到黄河流域粮食作物的产量。据科学研究,气温每变化1℃,产量的变化约为10%。北宋之后黄河流域的粮食产量开始缩减。再次,影响到粮食作物的分布。唐五代温暖期时,关中、伊洛河流域甚至幽蓟地区,都大面积种植水稻。北宋

之后，北方农业区南退，水稻种植范围也开始缩小。但气候的变化对南方的影响却不明显。南方气温变幅小，雨水仍然充足，再加上其他原因，亩产量反而有所提高。因此在以农业立国的古代中国，南方的农业优势开始越加明显。

关中生态环境的破坏，来源于过度开发。西安是十三朝古城，但承载周、秦、汉、唐文明的背后，却是极度消耗大自然的物质能量。西周、秦汉时期为了都城的营建及其他相关土木工程活动，关中及其周边山地的原始森林遭到大量砍伐，但此时的关中的生态环境还未遭到重大破坏，生态还在大自然的可承受范围内。

隋唐时期，盛世繁华的背后潜藏着渐渐形成的生态危机，人与自然的不和谐状态逐渐显露。随着经济开发程度的进一步提高，都城人口的增长，关中的平原地区已基本没有森林可采，终南山的可用木材也不多。岐山到了北宋，已经成为无树土山。据《唐六典》载唐代在京兆府的辖区范围内设库谷监、就谷监、斜谷监，"掌采伐材木之事，辨其名物而为之主守。凡修造所须材干之具，皆取之有时，用之有节"。此三监距离长安不远，专门负责从南山伐木供给长安。唐中宗时的左拾遗辛替否曾上疏指出当时"大起寺舍，广造第宅，伐木空山，不足充梁栋，运土塞路，不足充墙壁"。修建道观和佛寺，以及王公贵戚府宅的营造，都需要大量的木材木料。唐德宗时，想要在长安修造神龙寺却无法找到巨木，德宗提及："人言开元、天宝中，侧近求觅长五六十尺木，尚未易得，须于岚、胜州采市。"可见彼时森林破坏之严重。另外，还有薪柴、木炭等生活必需品也来自于森林砍伐。龚胜生《唐长安城薪炭供销的初步研究》中统计：唐代宫中每年所需薪柴约3万吨；京官及其随从每年所需薪柴约7万吨；长安市民年耗薪柴约30万吨。仅通过樵采，唐代300年间森林面积减少约6000平方千米以上。通过白居易《卖炭翁》"伐薪烧炭南山中"一句，我们可以判断这些薪柴的主要来源地是终南山。

唐代吃下了破坏生态环境的苦果。森林资源的逐渐丧失，造成关中地区水土流失加剧，土壤肥力耗竭，农业生态遭到破坏。江河生态恶化，水灾、干旱的发生频率增加。这也就是所谓"地气"耗尽。

生态破坏导致农田面积缩小，粮食单位产量和总产量下降，农业经济发展停滞甚至衰退，关中"天府之国"的优势丧失。从而关中农业发展不足的问题越来越凸显，长安难以依靠关中达到自给自足。所以，隋唐时期的漕运和交通开发就成为极为迫切的问题。中国的历史从黄河时代转向运河时代。长安已经逐渐丧失它曾经具有的地理优势和自然优势。

另外，唐长安城所经历的兵祸，成为导致其衰落的直接原因。

第一次，唐玄宗天宝十五载（756年）七月安禄山叛军攻占长安，李唐宗庙被焚，王公子孙多遭屠杀。

第二次，唐代宗广德元年（763年）十月，吐蕃兵入长安，代宗逃到陕州，"吐蕃剽掠府库市里，焚闾舍，长安中萧然一空"。这是史籍记载中长安城第一次遭到严重破坏。

第三次，唐德宗建中四年（783年）十月的"泾原兵变"。叛军进入大明宫，登上含元殿，没有找到皇帝，大呼曰："天子已出，宜人自求富！"于是"争入府库，运金帛，极力而止。小民因之，亦入宫盗库物，出而复入，通夕不已。其不能入者，剽夺于路"。大明宫因此兵变被洗劫一空。

以上3次对长安的破坏相对而言并不是很大。但自从黄巢之后，长安却屡遭厄运。唐僖宗广明元年（880年）十二月，黄巢军占据长安之后，并未进行大规模破坏。《旧唐书》记载："初，黄巢据京师，九衢三内，宫室苑然。"及中和三年（883年）四月，黄巢败退长安时"焚宫闱、省寺、居第略尽"。但唐官军入城之后却是"争货相攻，纵火焚剽，宫室居市闾里，十焚六七"，其恶劣行径不异于黄巢军。

这仅为长安城不幸的开始。唐僖宗光启元年（885年）河中节度使王重荣联合李克用与田令孜大战于沙苑。禁军败北，神策军溃散之后进入长安城开始肆意掠夺，使得"宫阙萧条，鞠为茂草"，仅存大明、昭阳、蓬莱三宫。

唐昭宗乾宁三年（896年）七月，凤翔节度使李茂贞攻入长安，"自中和以来所葺宫室、市肆，燔烧俱尽"。天复元年（901年）十一月，宦官韩全诲劫昭宗奔凤翔，再次火烧皇宫。此时的长安，用《秦妇吟》中的描写非常贴切："长安寂寂今何有？废市荒街麦苗秀。采樵砍尽杏园花，修寨诛残御沟柳。华轩绣毂皆销散，甲第朱门无一半。含元殿上狐兔行，花萼楼前荆棘满。昔时繁盛皆埋没，举目凄凉无故物。"

长安城真正遭遇毁灭性摧毁是在唐昭宗天祐元年（904年）正月，朱全忠"毁长安宫室百司及民间庐舍，取其材，浮渭沿河而下，长安自此遂丘墟矣"。随着唐王朝的最后崩溃，长安城的繁华壮丽也从此在历史上消逝了。

第三章 刀光剑影
——唐长安城内的宫廷政变

唐王朝的长安城，不仅有富丽繁华，也有刀光剑影。长安城内的宫廷政变在唐代历史上有着不可忽视的地位，从建国初期的玄武门之变，到唐中宗时的李重俊政变，再到诛灭韦后的唐隆政变，以及后来的二王八司马事件、唐宪宗被杀、甘露之变，都是大唐历史浓墨重彩之处。一座长安城，饱含了无数历史的记忆，也见证了唐王朝的兴衰起落。

一、玄武门之变

李唐王朝建立后，随着政权的逐步稳固和自身力量的不断增强，太子李建成与秦王李世民之间的矛盾也逐渐突显出来。

起初，唐高祖李渊曾对秦王李世民说："若事成，则天下皆汝所致，当以汝为太子。"李世民手下的谋臣将领也希望秦王被立为储君，但李世民并未接受。而李渊的长子也就是太子李建成秉性宽厚，但喜好酒色，并不被李渊所喜爱；齐王李元吉时常犯有过失，也不被李渊看好。史书记载李渊经常有重新立太子的想法，这让李建成十分不安，他与齐王李元吉合谋，想要一同对付秦王李世民。

唐高祖李渊晚年有许多宠爱的嫔妃，这些妃子为他生了众多的小皇子，妃子们为了维护自己的势力，经常结交年龄稍长的皇子，而李建成、李元吉二人趁此机会与嫔妃结交以谄媚李渊。也有一种说法是李建成、李元吉二人与张婕妤、尹德妃有染，不过多为传闻，难以考证。秦王李世民对于结交嫔妃的行为并不感兴趣，于是这些妃子在李渊身旁美誉建成、元吉的同时也经常诋毁秦王李世民。

当时很多皇亲国戚横行长安，行为多有不法，但有司却不敢责问。在行政方面，许多指令既有太子发出的，也有秦王、齐王发出的，执行部门只得依照收到指令的先后顺序执行，很是为难。此外，在其他方面，秦王和太子、齐王之间也多有冲突。

史载，李世民平定洛阳后，因为淮安王李神通有功，于是赏赐田地数十顷，但张婕妤之父却通过女儿的便利让唐高祖将这块田赐予了自己。李神通因是秦王所赐，故而没有让出田地。张婕妤便向李渊说秦王夺其父之田赐予他人，李渊因此斥责秦王道："难道我的旨意还没有你的话顶用吗？"渐渐地，唐高祖李渊觉得李世民在外带兵久了，逐渐难以控制。后来又发生了尹德妃之父诬告李世民手下欺凌其家人等事，使得李渊对李世民嫌隙渐深，虽然秦王极力解释但仍然不为高祖所信。直到最后，李渊完全打消了换太子的想法，对建成、元吉日益亲密，对待李世民却逐渐疏远。

太子李建成身边的王珪、魏徵经常劝说李建成要多

唐代贴金彩绘武官俑

在军事上取得成绩，与英雄豪杰多交往。齐王李元吉曾建议李建成除掉李世民，但李建成的性格比较宽厚，没同意齐王的想法。

武德七年（624年），李建成让庆州都督杨文幹为其私募勇士。高祖李渊将要去仁智宫的时候，让世民、元吉随自己前往，而令李建成留守京城。建成让元吉趁此机会图谋李世民，并派手下将盔甲赠给杨文幹。后来事情泄露，李渊十分生气，传召李建成，建成心中害怕不敢前去。此时有人劝他发兵起事，也有人劝他主动承认错误，李建成最终还是去仁智宫向李渊承认了错误，杨文幹闻听此事后起兵谋反。李渊找到秦王李世民，希望他可以去平叛，并许诺平叛归来即立其为太子，并说道："吾不能效隋文帝自诛其子，当封建成为蜀王。蜀兵脆弱，他日苟能事汝，汝宜全之；不能事汝，汝取之易耳。"李世民发兵后，齐王李元吉与李渊的嫔妃皆为李建成求情，加上其他人的劝阻，李渊最终还是让李建成回京城留守，而李世民也平定了叛乱。

唐朝初建之时，李渊想要迁都以避突厥，秦王李世民出来劝阻，而李建成等人却说李世民有私心，是假托御寇之名，想要总揽兵权，阴谋篡位。

有一次，李渊在京城南面设场围猎，太子、秦王、齐王都随同前往，李渊让三子比试骑马射猎。李建成有一匹胡马，肥壮且喜欢尥蹶子，建成将此马交给世民，结果世民在骑射之时这匹胡马三次尥蹶子，但并没有伤到他，于是李世民对宇文士及说："彼欲以此见杀，死生有命，庸何伤乎！"李建成知道后却让嫔妃对李渊说秦王自言有天命，正要为天下之主，怎么会随便死掉呢。高祖十分生气，召李世民怒斥之。恰逢有人前来奏报突厥侵扰之事，李渊才改变面容，与之商议退兵之策。每有寇盗，李渊就派李世民讨平，待到事平之后，李渊对李世民的猜疑却更深了。

李世民与太子、齐王结下嫌隙之后，便想以洛阳为退守之地以防不测，于是派温大雅镇守洛阳，派秦王府车骑将军张亮带人前去洛阳结交当地豪杰。李元吉于是告发张亮图谋不轨，但经过拷问，张亮什么都没有说，只能放其归于洛阳。

李建成夜里请李世民饮酒并暗中下毒，李世民突发心痛，吐血数升。李渊探望李世民后敕令李建成不得再与秦王夜间饮酒。高祖因而对李世民说："首建大谋，削平海内，皆汝之功。吾欲立汝为嗣，汝固辞。且建成年长，为嗣日久，吾不忍夺也。观汝兄弟，似不相容，同处京邑，必有纷竞。当潜汝还行台，居洛阳，自陕以东皆主之。仍命汝建天子旌旗，如汉梁孝王故事。"李世民以不愿远离父皇为由推辞，高祖说天下一家，只要我想念你，即刻便可以动身前往，因而不用悲伤。就在李世民准备出发的时候，李建成和李元吉商量着不能将李世民放虎归山，于是让好几个人密奏李渊，劝说不可让李世民归于洛阳，因而这件事又被搁置起来了。

李建成、李元吉以及后宫的嫔妃多次诬陷李世民，李元吉又暗中请示杀掉秦王，但高祖并未答应。由于秦王和太子、齐王的嫌隙日益加深，秦府的幕僚属官都十分忧惧，房玄龄、杜如晦、长孙无忌等人皆劝说李世民先下手诛杀李建成、李元吉。

李建成、李元吉知道秦府有很多骁勇善战的将领，于是想诱之以为己用，他们最先拉拢的是左二副护军尉迟敬德，却遭到了拒绝，于是李建成在盛怒之下与之断了往来。尉迟敬德将此事告诉了李世民，李世民说："公心如山岳，虽积金至斗，知公不移。"同时李世民也告诉尉迟敬德应该收下太子的贿赂，否则有可能引来祸事。果然，李元吉不久便派人刺杀尉迟敬德，但没有成功，于是又向李渊诬告尉迟敬德以致其下狱，险些被处死，经李世民再三请求才得幸免。后来，李元吉等人又诬陷左一马军总管程知节，于是程知节被外放康州刺史。程知节提醒秦王李世民这样下去不是办法，应该早做决断。李元吉等人还向高祖诬陷房玄龄、杜如晦二人，以致此二人被斥逐。此时，李世民的心腹只有长孙无忌还留在府中。雍州治中高士廉、车骑将军侯君集、尉迟敬德等人日夜劝说李世民诛杀李建成、李元吉二人，但秦王犹豫不决。此外，李世民还曾问计于灵州大都督李靖、行军总管李世勣等人。

就在李世民犹豫不决之际，突厥郁射设带兵数万前来，李建成推荐齐王李元吉代替李世民总督诸军北征。于是李元吉请尉迟敬德、程知节、段志玄、秦叔宝等与之同行，以削减秦王帐下的精锐来补充李元吉的军队。此时，率更丞王晊密告李世民，说李建成打算在为元吉饯行之时谋害世民，秦王将此事告知长孙无忌，他们劝李世民要先发制人。李世民叹道："骨肉相残，古今大恶。吾诚知祸在朝夕，欲俟其发，然后以义讨之，不亦可乎？"尉迟敬德和长孙无忌再次劝说李世民，愿他以宗庙社稷为重，面临危难不应该犹豫不决，而且秦王的勇士们已经做好了准备，只待李世民一声令下了。李世民在征求了幕僚的建议后还是下不了决心，于是大家又用舜帝躲过种种危难才终成一代圣人的例子来劝说李世民。李世民让长孙无忌召房玄龄等人回来议事，房玄龄等人并未答应，说唐高祖李渊的旨意是不许他们侍奉秦王，若私见被发现一定会被处死。李世民十分生气，令尉迟敬德带刀前去查看情况。尉迟敬德对房玄龄、杜如晦说李世民已经下定决心，大家可回去共议大事，于是他们换上服装秘密进入了秦府。

武德九年（626年），傅奕向唐高祖密奏："太白见秦分，秦王当有天下。"高祖将密奏拿给李世民看，于是世民也借机密奏李建成、李元吉淫乱后宫之事，且说:"臣于兄弟无丝毫负,今欲杀臣,似为世充、建德报仇。臣今枉死,永违君亲,魂归地下,实耻见诸贼。"高祖十分惊讶,说明天就审问这件事,你应当早点来见我。

武德九年(626年)六月四日,李世民率领长孙无忌等人伏兵于玄武门。张婕妤暗中得知李世民密奏的事,于是急忙告诉了李建成,太子又急忙找来齐王李元吉商量谋划。李元吉认为应该称病不朝,以观形势。而李建成却认为宫中防备森严,他与李元吉应该亲自入宫打探消息。于是二人便一起赶赴玄武门。

当日,唐高祖李渊已经召来了裴寂、萧瑀、陈叔达等人,打算彻底解决这件事。李建成、李元吉走到临湖殿的时候,察觉到了异样,于是赶紧掉转马头打算回去。李世民在后面呼唤他们,李元吉则张开弓箭射向李世民,但三次都没有射中。这时候李世民一箭射向李建成,当场将李建成射死。尉迟敬德带领的人马相继赶到,身边的将士将李元吉射于马下。李世民的马可能是受到了惊吓,带着李世民跑入了旁边的树林中,李世民的衣服被树枝挂住,坠于马下,无法起身。李元吉迅速赶至,夺过弓想要扼死李世民,但此时尉迟敬德赶来喝住李元吉,李元吉急忙向武德殿跑去,尉迟敬德追上前去,一箭将李元吉射死。

太子李建成和齐王李元吉相继被杀,他们的部下翊卫车骑将军冯立、副护军薛万彻、屈咥直府左军骑谢叔方率领东宫和齐王府的人马赶至玄武门为太子和齐王报仇。张公谨关闭大门使冯立等人无法进入。云麾将军敬君弘与中郎将吕世衡战死。玄武门的守兵与薛万彻力战良久，薛万彻欲攻秦府，将士们大为惊慌，而此时尉迟敬德持建成、元吉首级示众，东宫、齐王府的兵士顿时溃散，薛万彻、冯立也相继败走。

当时，唐高祖李渊正泛舟于海池，李世民让尉迟敬德为高祖担任守卫，尉迟敬德穿着盔甲手持长矛来到唐高祖所在的船上。李渊问明缘由，又问裴寂等人应该怎么办，萧瑀、陈叔达说："建成、元吉本不豫义谋，又无功于天下，疾秦王功高望重，共为奸谋，今秦王已讨而诛之。秦王功盖宇宙，率土归心，陛下若处以元良，委之国务，无复事矣。"高祖也说这正是他所想的啊。此时玄武门下兵戈未知，尉迟敬德请李渊降手谕让诸军皆受秦王李世民节制，李渊也同意了。待到李渊的敕令下达后，双方人马才各自收兵。高祖传召李世民，对他说自己近日来几乎产生了投杼的疑惑，李世民跪下来在高祖胸前放声大哭良久。

李建成与李元吉的多个儿子也因此事被杀，他们的名字也被从宗室的名册上删掉了。诸将本打算杀掉太子、齐王的部下百余人并查抄其家产，尉迟敬德则认为"罪在二凶，既伏其诛，若及支党，非所以求安也"。于是，株连的范围并没有扩大。高祖也下诏罪行止于建成、元吉,其他人一概不加追究,国家的主要事务,都交给秦王李世民去处理。后来,冯立与谢叔方都主动出来负罪,薛万彻在李世民的多次传召下也出来了,李世民说,这些人都是忠于所事的义士,于是尽皆赦免。

武德九年(626年)六月七日,唐高祖李渊立李世民为皇太子,又昭告天下道:"自今军国庶事,无大小悉委太子处决,然后闻奏。"八月八日,高祖禅位给李世民,被尊为太上皇。八月九日,李世民在显德殿登基,第二年改元贞观。李世民终成一代明君,开启了繁荣开放的"贞观之治"。

对于玄武门之变,司马光认为,立嫡以长本是礼之正,但唐高祖能有天下,主要是李世民的功绩,如果唐高祖有周文王之明,李建成有泰伯之贤,唐太宗有子臧之节,也不会至此地步。唐太宗本来打算等建成、元吉先动手,然后回击,但由于群下所迫,以至于血染玄武门,诛杀兄弟,确实可惜。司马光还认为"创业垂统之君,子孙之所仪刑也",陈寅恪先生认为"唐朝皇位继承之无固定性及新旧君主接续之交,辄有政变发生。玄武门之变是此类现象的开端。"

有些学者在研读这段历史的时候认为,唐高祖李渊也是有才能的,并非一些史书记载的昏庸无能,而李建成、李元吉对于李唐皇室也是有过积极作用的。但由于历史记载的原因,其负面的事迹较为多见。

二、李重俊政变

唐代长安城的宫廷政变不止一次,而玄武门也成为见证历史的重要地点。

从天授元年（690年）开始,女皇武则天一共做了15年的皇帝。神龙元年（705年）,武则天重病缠身,当时的宰相张柬之、崔玄暐联合右羽林卫大将军李多祚发动政变,强迫武则天传位于唐中宗李显,恢复了唐朝国号,而82岁的武则天也于当年病逝。

此后,政治中心从洛阳转移回了长安。由于唐中宗李显比较懦弱,大权被皇后韦氏及其女儿安乐公主所掌控。韦皇后与武则天的侄子武三思相勾结,想要阴谋夺取政权,像武则天一样成为女皇。他们首先将拥立中宗有功的敬晖、桓彦范、张柬之、袁恕己、崔玄暐等人流放致死。在杀掉张柬之等人后,武三思权势日益高涨,当时的兵部尚书宗楚客、将作大匠宗晋卿、太府卿纪处讷、鸿胪卿甘元谏、御史中丞周利用、侍御史冉祖雍等人都是武三思的党羽。

安乐公主是唐中宗李显与韦皇后的女儿,她恃宠骄恣、野心勃勃,自请为皇太女,中宗李显虽然没有同意,但也并未因此而谴责她。安乐公主的做法威胁到了当时的太子李重俊,李重俊并非韦皇后所生,因此不被韦后所喜爱。而武三思尤其不喜欢太子重俊,他更希望自己的儿媳妇安乐公主成为未来的皇上。因此,安乐公主与驸马、左卫将军武崇训经常凌侮太子重俊,严重之时竟呼之为奴。加之武崇训又让安乐公主向皇上进言,想要废掉李重俊,立自己为皇太女,故而李重俊对安乐公主和武崇训恨之入骨。

景龙元年(707年)七月,太子李重俊发动兵变,与左羽林大将军李多祚、右羽林将军李思冲以及李承况、独孤祎之、沙吒忠义等人,矫诏发羽林兵及千骑300余人发动了政变。他们杀掉了武三思、武崇训及其党羽10多人,并想借机把韦皇后的势力消灭掉。左金吾大将军李千里及其子分兵守住宫城诸门,太子李重俊亲自与李多祚一起引兵自肃章门斩关而入,想要追杀上官婉儿、韦皇后、安乐公主等人。此时,中宗李显与韦皇后、安乐公主、上官婉儿等人登上了玄武门,并使左羽林大将军刘景仁率飞骑百余人屯兵于下保护自己。而杨再思、苏瑰、李峤与兵部尚书宗楚客、左卫将军纪处讷带领兵士2000多人屯于太极殿前,闭门以自守。李多祚先来到玄武楼下,欲升楼,被宿卫所拒。李多祚与太子李重俊心生疑虑,按兵不战。此时,宫闱令杨思勖向中宗请命上阵,李多祚则派出了羽林中郎将野呼利为前锋总管,结果杨思勖挺刃斩杀了野呼利,李多祚的军队顿时没了士气。这时候,中宗李显在城楼上俯着身子向发生哗变的兵士们说:"汝辈皆朕宿卫之士,为何从多祚反?苟能斩反者,勿患不富贵!"于是,军士们临阵倒戈,斩杀了李多祚、李承况、独孤祎之、沙吒忠义,剩下的人都四散溃逃。李千里及其子李禧攻延明门,想要杀掉宗楚客和纪处讷,但并没有成功,直至战死。

太子李重俊政变失败后带领百余骑跑到了终南山,这时候跟着他的只有几个人了。他们在树林中休息之时,李重俊被身边的部下杀害。唐中宗将李重俊的首级斩下,献于太庙,并以此来祭奠武三思、武崇训的灵柩,而追随太子李重俊发动政变的同党皆被诛杀。太子死后,东宫僚属没有人敢接近太子的尸体,只有永和县丞甯嘉勖解衣裹太子首,号哭不止,后因此事被贬职。韦皇后等人本打算让中宗将太子李重俊发动政变时所经过的诸门守卫尽皆杀掉,但最终被人劝止。直到唐睿宗李旦即位后,才追复了故太子李重俊的位号,并为敬晖、桓彦范、张柬之、袁恕己、崔玄暐、李千里、李多祚等人平反昭雪。

此事过后,杨思勖被封为银青光禄大夫,行内常侍;赠武三思为太尉、梁宣王,武崇训开府仪同三司、鲁忠王。太子李重俊政变失败后,韦皇后与安乐公主的权势进一步扩大。景云元年(710年),唐中宗李显突然死去,韦皇后的权力空前膨胀。与此同时,一场新的宫廷政变即将开始。

三、唐隆政变

长安城内的玄武门在见证了玄武门之变和李重俊政变后，依然在俯视着李唐王朝的历史，等待下一阶段的到来。

随着韦后势力的不断膨胀，其行为也逐渐招致了中宗李显的不满，于是韦皇后和她的党羽开始感到担忧和恐惧。散骑常侍马秦客因为擅长医术、光禄少卿杨均因为善于烹调，皆出入于宫中，得幸于韦皇后，但时刻害怕事情败露而被中宗惩罚。安乐公主则想让韦皇后临朝，自己当皇太女，于是她们一起合谋，在唐中宗李显的饼中下毒。

景云元年（710年），中宗李显在神龙殿驾崩。然而韦后却秘不发丧，自己总揽朝政。随后，她召集宰相进入禁中，并让自己的亲信带领5万人屯驻在京城。此时，太平公主与上官婉儿草拟遗诏，立温王李重茂为皇太子，韦皇后知政事，相王李旦参谋政事。这个时候，宗楚客却私下对韦温说："相王辅政，于理非宜。且于皇后，嫂叔不通问，听朝之际，何以为礼？"所以就领着各位宰相上表请皇上临朝，罢免相王的权力。苏瑰认为遗诏不可改，但最后还是由于惧怕宗楚客等人而屈从之，最终相王做了太子太师。随后，16岁的唐殇帝李重茂即位，并改元唐隆，他后来也被称为唐少帝。此时的韦后临朝摄政，命韦温总知内外守捉兵马事。

这时，宗楚客、太常卿武延秀以及诸韦劝韦后效仿武则天称帝，当时的主要部队也在韦氏一族掌控之中。宗楚客还秘密上书利用图谶来劝说韦后革唐命自立。然而，韦后如果想要称帝，相王李旦和太平公主就必须除掉，于是韦温、安乐公主等人合谋想要除去此二人。

临淄王李隆基是相王李旦之子，后被任命为潞州别驾，他在京城私下结交了不少有才能和勇武之人，想着有朝一日可以匡复李唐社稷。唐初之时，太宗李世民曾经挑选了一批骁勇之士从其游猎，谓之百骑。到武则天时增为千骑，隶属于左右羽林军。中宗李显时称其为万骑，派人统一率领。李隆基与万骑军中的豪杰之士都结交很深。

兵部侍郎崔日用素来依附于韦武之流，与宗楚客交往很深。他知道宗楚客等人想要谋害相王李旦和太平公主的事后，害怕祸及己身，于是派遣宝昌寺僧人普润向李隆基告发，劝其尽快采取措施应对。

得知此事的李隆基赶忙前去与太平公主及公主之子卫尉卿薛崇、西京苑总监钟绍京、尚衣奉御王崇晔、前朝邑尉刘幽求、利仁府折冲麻嗣宗等人商议，想先下手为强，除掉对方。韦播、高嵩等人经常鞭打万骑军，想要借此立威，他们的做法使万骑军十分怨愤。果毅葛福顺、陈玄礼与李隆基诉说他们的委屈和不满，这时李隆基提出诛杀诸韦，他们都十分积极地响应，万骑果毅李仙凫也参与了他们的谋划。

有人对李隆基说，做这件事是否应该先向相王李旦汇报，李隆基则说："我们这么做是为了大唐的江山社稷，如果成功，福分就归于相王；如若不成，就身死许国，不可以拖累相王。现如今若是告诉了相王，他同意的话就会置身于危险之中，如果不同意就会让我们的计划失败。"于是大家决定事先不告诉相王李旦。

于是李隆基穿着便装与刘幽求等人进入了禁苑之中，到钟绍京的住所之处集合。这时候钟绍京有些后悔，想要将他们拒之门外，他的妻子许氏对他说："你忘身为国，上天一定会帮助你的，而且你已经知道了他们的计划，就算你今天不这样做，难道就能摆脱干系吗？"于是钟绍京急忙出去拜谒，李隆基拉着他的手一同坐下商议。

当时，羽林将士都屯兵于玄武门，等到夜里，葛福顺、李仙凫都到了李隆基那里，等待李隆基一声令下就行动。快二更天的时候，天上的流星像雪片一样散落，刘幽求对李隆基说："这是天意，不可以失去。"于是葛福顺拔剑直入羽林军大营，斩杀了韦璿、韦播、高嵩，并大声说道："韦后毒杀先帝，想要危害社稷，今天我们应该一同诛灭诸韦，凡是高过马鞭的人都要斩杀，拥立相王以安定天下。如果有人心怀两端，帮助逆党，就会罪及三族！"将士们都欣然听命。于是，他们将韦璿的首级献给李隆基，李隆基看过之后，便与刘幽求等人出了禁苑南门，钟绍京率领工匠200余人执斧锯相从。李隆基派葛福顺带领左万骑军攻打玄德门，李仙凫率领右万骑军攻打白兽门，约定在凌烟阁前会师后大声鼓噪。葛福顺等人斩杀了守门之将，斩关而入。而李隆基则率兵驻扎在玄武门外，三更天时，听闻鼓噪之声，即率军响应之。韦后面对突如其来的政变十分惶恐，慌乱中逃入了飞骑营，被一个飞骑兵斩了首级献给了李隆基。安乐公主正对着镜子画眉，也被军士所杀，而武延秀则被斩杀于肃章门外，内将军贺娄氏被斩杀于太极殿西。

起初，就有人劝过上官婉儿，说武氏是天之所废，不可兴也。如若依附于武三思，是灭族之道，但当时的上官婉儿并没有听进去劝告。等到太子李重俊发动政变，诛杀了武三思并追上官婉儿的时候，她才开始感到惧怕。于是回想起了之前的劝告，自那时起，她便开始心向李唐帝室，与安乐公主各树党羽。等到中宗驾崩，上官婉儿草拟遗诏立温王李重茂，并以相王李旦辅政。待到李隆基发动政变入宫之后，上官婉儿执烛率宫人迎之，将诏书拿给刘幽求看，刘幽求因此为她向李隆基求情，但未被允许，于是上官婉儿被斩于旗下。那时候，少帝在太极殿，刘幽求认为应该早立相王，同样未被李隆基允许，而是下令捕捉在宫中的诸韦，将韦后的亲信都斩杀掉了。天将破晓的时候，内外尽皆安定。

随后，李隆基出来面见相王李旦，并向李旦磕头请罪，说自己不经请示擅自行动。李旦抱着他说道："社稷、宗庙不坠于地，汝之力也。"于是大家迎接相王进入皇宫辅佐少帝。当时，为了肃清韦后一党，关闭了宫门和京城各门，并派遣万骑军搜捕诸韦，斩杀了太子少保、同中书门下三品韦温，捉拿并斩杀了想要乔装出逃的中书令宗楚客及其弟宗晋卿。相王李旦奉少帝之命安抚百姓，并杀掉了百姓怨愤已久的赵履温等人，其他韦氏党羽也逐渐被肃清。接着，朝廷宣布大赦天下，以临淄王李隆基为平王，并委以军权，其余将领也都得到了封赏。刘幽求对宋王李成器、平王李隆基说："今人心未安，家国事重，相王为什么不早点即位以镇天下呢？"但李隆基说："相王心性恬淡，不把登皇位之事记挂在心头，虽有天下仍让于人，何况是亲兄之子，怎么会取代他呢？"刘幽求回复说："众心不可违，王虽欲高居独善，其如社稷何？"于是李成器、李隆基入见相王，极言其事，相王乃许之。第二天，少帝在太极殿东隅西向，相王李旦立于梓宫旁，太平公主说："皇帝欲以此位让叔父，可以吗？"刘幽求跪下说："国家多难、皇帝仁孝，追踪尧、舜，诚合至公。相王代之重任，慈爱尤厚矣。"于是少帝只得将皇帝之位传给了相王。当时少帝李重茂仍然坐在皇帝的座椅上，太平公主走上前去说道："天下之心已归相王，这不是你的座位了。"李重茂只得离开了座椅。于是睿宗李旦即位，以少帝为温王，大赦天下，改元景云。

然而，即位后的唐睿宗李旦在立太子的问题上出现了犹豫。宋王李成器为嫡长子，而平王李隆基有大功劳，因此睿宗犹豫不能决。宋王李成器很识大体，他推辞道："国家安则先嫡长，国家危则先有功；苟违其宜，四海失望。臣死不敢居平王之上。"大臣们也都认为平王李隆基功劳很大，应该被立为太子。刘幽求说道："我听说去除天下之祸的人，应当享受天下之福。平王拯救社稷之危，解救君亲之难，论功莫大，语德最贤，无可疑者。"于是睿宗李旦最终决定立平王李隆基为太子。

先天元年（712年）秋七月，彗星出西方，经轩辕入太微，至于大角。太平公主使术者对睿宗李旦说彗星之所以除旧布新，以至星位有变，是因为皇太子当为天

章怀太子墓《狩猎出行图》

子。睿宗则说："传德避灾，吾志决矣。"太平公主及其党羽皆力谏以为不可。睿宗又说道："中宗之时，群奸用事，天变屡臻。朕时请中宗择贤子立之以应灾异，中宗不悦，朕忧恐，数日不食。岂可在彼则能劝之，在己则不能邪！"太子听闻此事之后，急忙入宫面见睿宗，行礼叩首说道："臣以微功，不次为嗣，惧不克堪，未审陛下遽以大位传之，何也？"睿宗说道："社稷所以再安，吾之所以得天下，皆汝力也。今帝座有灾，故以授汝，转祸为福，汝何疑邪？"太子李隆基还是坚持推辞。这时候睿宗李旦又说道："汝为孝子，何必待柩前然后即位邪？"李隆基只能流着眼泪出去了。于是睿宗李旦决定传位于太子李隆基，其间太子仍在推辞，太平公主也劝说睿宗虽然传了皇位，但仍然可以总揽大政。睿宗对太子说："汝以天下事重，欲朕兼理之邪？昔舜禅禹，犹亲巡狩，朕虽传位，岂忘家国。其军国大事当兼省之。"八月初三这天，睿宗李旦正式传位于玄宗李隆基，玄宗尊睿宗为太上皇，改元先天。太上皇自称曰朕，命曰诰，五日一受朝于太极殿。皇帝自称曰予，命曰制、敕，日受朝于武德殿。三品以上官员除授及重大刑罚仍然需要太上皇裁决，其余诸事由皇帝决定。

由于太平公主有拥戴李旦复位的功劳，所以她的个人势力发展极快，唐王朝的大权很大一部分被太平公主所掌握,当时朝中的宰相大多是太平公主一党的,有"宰相七人,五出公主门"的说法。但这样一来,太平公主与李隆基之间的矛盾也就愈演愈烈了。终于,先天二年(713年)七月,李隆基在魏知古、王毛仲等人的支持下,采取了先发制人的措施,将太平公主的党羽窦怀贞、萧至忠、岑羲等人杀死。太平公主本人也被赐死于家中,公主诸子及其党羽数十人被处死。之后不久,唐睿宗将权力全部交给李隆基,李隆基则改元为开元,他就是唐玄宗,也被称为唐明皇。

自此,从武则天下台以来的政治动荡局面终于告一段落了。唐玄宗李隆基统治前期吏治清明,朝政稳定,经济发展,文化繁荣,使得李唐王朝进入了鼎盛时期,也就是被我们所熟知的"开元盛世"。

四、二王八司马事件

唐德宗贞元十九年（803年），由于翰林待诏杭州人王伾善于书法、越州山阴人王叔文善于棋艺，二人均被允许出入东宫，侍奉太子。王叔文这个人诡谲多计，自认为读书很多，知道许多治理天下的方法，在陪奉太子的时候，总会向太子谈到民间疾苦等问题。有一次，太子与各位侍读以及王叔文谈起了有关宫市的事，太子一番话后众人都点头称赞，只有王叔文没有说话。等结束之后，太子单独留下王叔文，问他为何刚才不发言，王叔文回答太子说："臣有幸可以侍奉太子，因此所见到的不敢不说。臣认为太子您应该视膳问安，不应该去说外面的事。当今皇上在位时间长了，如果怀疑您这样做是为了收买人心，您该怎么解释呢？"太子十分惊讶，于是哭着对王叔文说："若不是先生您，我无法知道这些啊！"所以太子对于王叔文更加重视了。此外，王叔文还秘密结交了翰林学士韦执谊以及许多在当时有名并且想要求得速进的官员，如陆淳、吕温、李景俭、韩晔、韩泰、陈谏、柳宗元、刘禹锡等人。他们相互结交，定为死友。后来凌准、程异等人也加入了进来。陆淳为吴人，曾当过左思郎中。吕温是吕渭之子，当时是左拾遗。李景俭为李瑀之孙，进士及第。韩晔是韩滉的族子。陈谏曾做过侍御史，而刘禹锡和柳宗元当时是监察御史。

然而，贞元二十年（804年）秋九月，太子李诵得了风疾，以至于不能说话。唐顺宗永贞元年（805年）春正月，诸王亲戚皆入贺唐德宗。唯独太子因为疾病无法前来，德宗十分伤心，涕泣悲叹，因此而生病，并且日益严重。之后的20多天，宫里宫外消息不通，群臣皆不知道皇上与太子安好与否。其后不久，唐德宗驾崩。此时太子病重，但是为了让人们不再犹疑，强忍疾病出来召见群臣，大家才稍有心安。于是唐顺宗李诵在太极殿即皇帝位。当时，许多人都在担心太子的健康，当他们看到坐在大殿之上的真是太子李诵的时候，很多卫士都欢喜而泣。

然而，当时的唐顺宗李诵因为患病而不能说话，因此无法决断事务，只能久居深宫，只有宦官李忠言、昭容牛氏侍奉于左右。百官如若想要奏事，都要靠他们二人进行传达。

此时的王伾和王叔文都得到了重用，吏部郎中韦执谊则担任了尚书左丞、同平章事。王叔文想要专权国政，于是便与韦执谊相互唱和。当时的情形，大概是王叔文依王伾，王伾依李忠言，李忠言依牛昭容，唯有牛昭容可以直接和唐顺宗交流，如此一来，这些人便相互交结。当时，大事总会先发到翰林院，问王叔文的意见，然后在中书进行宣布，韦执谊得到指令后去执行，而韩泰、柳宗元、刘禹锡等人主要负责采听外事。他们之间相互计划唱和，共荣辱同进退，令许多士大夫都望之生畏。那时候，与王叔文等人交往密切的人很快就可以得到提拔，所以王叔文他们的势力十分强大，府宅不分昼夜都门庭若市。等着拜见王叔文和王伾的人如果想要在其住宅周边的饼肆或者酒庐住宿，不给千钱是不行的。而王伾这个人还经常接受贿赂，在家中用大箱子盛装金帛。

后来王伾做了翰林学士，王叔文做了度支、盐铁转运副使。王叔文等人就商议，如果有了国家赋税在手，就可以具体做许多事，也能取得将士之心，以稳固他们的兵权。但这样一来又怕人心不服，于是就让杜佑为主，王叔文为辅，但主要权力还是在王叔文手中的。

唐顺宗李诵的疾病久久不能痊愈，有时候扶着御殿行走，群臣也只能瞻望而已，没有人可以亲自上前去奏对。由于皇帝身体不好，许多人就想着早立太子，但这样一来王叔文等人就无法专权了，所以王叔文等人对于立太子的提法深深不以为然。

当时，宦官俱文珍、刘光琦等都是先朝旧人，他们不喜欢王叔文、李忠言等人结党，于是启奏顺宗召翰林学士草立太子制。那时，牛昭容等人因为广陵王李淳英明睿智而不喜欢他，于是翰林学士只能写下"立嫡以长"的字样呈给皇上，唐顺宗点头以示应允。于是便决定立李淳为太子，后更名为李纯。

由于王叔文等人的权力极大，很多朝中享有声望的大臣都称疾不出或赋闲在家，这样一来，王叔文等人更是无所顾忌了。

永贞元年（805年）夏四月，唐顺宗在宣政殿册立太子，百官看到太子的仪表，都相互庆贺，而王叔文则面有忧容，嘴上虽然没有明确说什么，但却吟出了杜甫的诗句："出师未捷身先死，长使英雄泪满襟。"人们听到之后皆哂之。

那时候，给事中陆淳为太子侍读，后改名为陆质。韦执谊因怕自己的专权会引起太子的不满，于是让陆质担任太子侍读，想要打探太子的想法。结果有一次陆质说到了对某件事的看法，太子非常生气地说道："皇上让先生给我讲经义，为什么要干预其他的事呢？"陆质只得惶惧而出。

当时，王叔文为户部侍郎，同时担任度支、盐铁转运副使，而宦官俱文珍等人对他专权不满，于是就设法削去其翰林之职。王叔文看到制书后大惊，对人说："现在的我还能在这里商量公事，但是如果我不担任这一职务，就没有理由继续待在这里了呀。"王伾赶忙为他上书求情，结果不被应允，王伾于是再次上书，最终同意让王叔文三五日一入翰林，但仍然去掉了其学士之名。这时的王叔文感到害怕了。

当年六月，羊士谔因事被贬，后来因公事来到长安，公开说出了王叔文专权之事。王叔文对此十分生气，想要将其斩杀，但韦执谊以为不可。王叔文又想要杖责羊士谔，但韦执谊仍以为不可，于是只得再将其贬官。至此，王叔文开始对韦执谊不满了。

其后，剑南支度副使刘辟将检校太尉韦皋之意带给王叔文，想要都领剑南三川，于是对王叔文说："太尉让我跟您说，若给我三川之地，我必以死相助；如若不给，也会有所报酬。"王叔文听后大怒，想要将之斩杀，韦执谊再次以为不妥。当时刘辟还在长安，听说了羊士谔被贬之事，急忙逃了回去。韦执谊起初被王叔文所引用，因此附和他，待得到位置后，就想掩盖之前的形迹，再加上迫于公义，所以在处理很多问题时，韦执谊都与王叔文意见相左。韦执谊找人对王叔文说："我并不是有负当年之约，只是为了曲成其事。"王叔文则很生气，并不相信他的话，因此二人结下了仇怨。

韦皋上表，认为皇上疾病缠身，再加上有很多政务劳心，所以才久而未安。他希望皇上可以让太子监政，等皇上痊愈之后再还政回来。韦皋还说自己位兼将相，今天说的是他分内之事。然后韦皋又对太子上书说道："圣上身体欠佳而所托非人，王叔文、王伾、李忠言等人赏罚纵情，败坏纲纪，结交左右，臣恐他们会损害大唐基业，请殿下斥逐他们。"韦皋自恃为朝中重臣，又远处西蜀，觉得王叔文无法动摇自己，所以极力在太子面前说王叔文等人的不好。随后，荆南节度使裴均、河东节度使严绶均上表，与韦皋意见相同。

其后，王叔文母亲病重，王叔文在与李忠言、俱文珍等人喝酒的时候说自己不避危难，皆是为了朝廷，一旦自己离去，肯定会有大量的诽谤，希望这几个人能替自己说句好话。但俱文珍等人并没有明确回应。不久，王叔文因为母丧而去其位。当年秋天七月之时，因为王叔文有母丧，韦执谊更加不听他的意见，于是王叔文很愤怒，与其党羽商量，想要先杀韦执谊，再杀不依附于自己的人。

自从王叔文去位之后，王伾等人都忧惧己位不保。当时朝廷内外也都对王叔文等人结党专营的事不满，甚至唐顺宗也有所恶。此时，俱文珍等人屡次请太子监国，顺宗身体又一直欠佳，于是就答应了。这年八月，唐顺宗命太子即皇帝位，自己为太上皇，其后改元永贞。

此后，宦官得势，王叔文、王伾"二王"被贬逐，贬王伾为开州司马，王叔文为渝州司户。不久之后王伾病死于贬所，第二年，王叔文也被赐死。随后，贬韦执谊为崖州司马，韩泰为虔州司马，韩晔为饶州司马，柳宗元为永州司马，刘禹锡为朗州司马，陈谏为台州司马，凌準为连州司马，程异为郴州司马。因为柳宗元、刘禹锡、韦执谊、韩泰、韩晔、陈谏、凌准、程异被贬为边州的司马，故被人们称为"八司马"。由于有这样的称呼，所以也把这个事件叫作"二王八司马事件"。

但是也有人认为整个事件是一次失败的反宦官专权的斗争。他们认为，唐德宗李适驾崩，唐顺宗李诵即位后，重用王叔文、王伾以及柳宗元、刘禹锡、韦执谊、韩泰、韩晔、陈谏、凌准、程异等人，共同计划革新，着手改革唐德宗贞元末年以来的弊政。所以"二王八司马事件"还有一个名字，叫"永贞革新"。那时候，王叔文等人先是取消了宦官借以掠夺百姓财务的"宫市"，罢免了雕坊、鹘坊、鹞坊、鹰坊、狗坊小使；接着禁止地方节度使向皇上的"日进""月进"等进奉，停止征收两税以外的其他榷税。他们还明确赏罚，任用了一些比较有才干的官员，对于一些专横跋扈的官员进行了罢免。王叔文等人还减免苛捐杂税，放还了一批宫女等等。对于藩镇割据，王叔文等人也提出了相应的办法。他们先是罢免了浙西观察使李锜的转运盐铁使之职，将财政大权收归中央所有；其次拒绝了剑南西川节度使韦皋想要兼领剑南三川的要求，这在上文已经说过。此外，他们为了铲除宦官，还命老将范希朝为左右神策、京西诸城镇行营节度使，以韩泰为其行军司马。王叔文知道自己被内外朝臣所憎，于是想要接管宦官手中的军权来稳固自己的势力。他借用老将范希朝之名，但实际事务皆由韩泰操作。据《顺宗实录》记载："（王叔文）谋夺宦者兵，以制四海之命。既令范希朝、韩泰总统京西诸城镇行营兵马，中人尚未悟。会边上诸将各以状辞中尉，且言'方属希朝'，中人始悟兵柄为叔文所夺，乃大怒曰：'从其谋，吾属必死其手。'密令其使归告诸将曰：'无以兵属人。'希朝至奉天，诸将无至者。"所以从这件事的结果来看，在这个问题上，宦官集团并没有让步，而是进行了抵制，因此这一条改革措施并没有实行下去。

唐史专家黄永年教授认为，所谓"永贞革新"，是近几十年来一些教科书上出现的新词语，用来肯定唐顺宗时期以王叔文为首的政治集团的活动，称之为革新运动。从这次革新运动的论述来看，其实并没有多少新的内容，这在古代就有许多学者这样认为了。他还认为，王叔文集团的集结和成败，只是唐代统治阶级各个集团内部斗争的体现，正所谓"一朝天子一朝臣"。

五、唐宪宗被杀之谜

唐宪宗李纯，是唐顺宗的长子，其母为庄宪皇太后王氏。贞元四年（788年）六月，李纯被封为广陵郡王。贞元二十一年（805年）三月，被立为皇太子。永贞元年（805年）八月，唐顺宗下诏立太子李纯为皇帝，于是唐宪宗在太极殿即位，不久开始听政。

元和元年（806年），西川节度使刘辟就起兵叛乱，唐宪宗派左神策行营节度使高崇文、神策京西行营兵马使李元奕率军队讨伐。最后西川节度使刘辟节节败退，被俘虏后送到长安斩首。

元和九年（814年）九月，淮西节度使吴少阳死，他的儿子吴元济隐匿丧事不报，想要自己掌握兵权。而朝廷遣使吊祭的时候，吴元济竟然拒不接受，之后又举兵叛乱，直接威胁到了东都的安危。元和十年（815

年)正月,唐宪宗决定对淮西用兵。这时的淮西节度使驻扎于蔡州汝阳(今河南汝南),地处中原地带,战略地位十分重要。自从李希烈以来淮西节度使一直保持着半独立的状态,唐宪宗想要通过这次对淮西用兵改变当时的状况。此事产生的震动很大。当时的淄青节度使李师道也感到了威胁,于是就请求帮助官军一同征讨吴元济,但他在暗地里却是支持吴元济的,这样做无非是为了巩固自己的地位。元和十二年(817年)七月,唐宪宗李纯任命裴度以宰相兼彰义节度使,赶往前线并与随唐邓三州节度使李愬等人大举进攻吴元济。同年九月,李愬的军队首先攻破了蔡州,大败淮西军。吴元济根本没有料到李愬进攻速度如此之快,毫无防备之下就束手就擒了。至此,持续了3年的淮西叛乱宣告结束。

淮西的吴元济失败之后,淄青节度使李师道十分恐惧,他起初想的是献出土地归顺朝廷,并以长子入侍为质。但他后来又决定举兵叛唐。元和十三年(818年)七月,唐宪宗调集宣武、魏博、义成、武宁、横海诸镇前往讨伐李师道。面对唐朝官军,李师道集团的内部矛盾激化,李师道的都知兵马使刘悟杀掉了他,于是淄、青、江州之地被朝廷平定。

元和十四年(819年)七月,宣武节度使韩弘入朝,贡献了大量的绢帛、金银和马匹,并要求留在长安。宪宗李纯于是以韩弘为司徒兼中书令,派遣吏部尚书张弘靖为宣武节度使。因为魏博节度使田弘正讨伐李师道有功，李纯让他兼任侍中。田弘正为了向宪宗李纯表示忠心，使其兄弟子侄都到朝廷做官。

唐宪宗李纯晚年遇到了立太子的问题，当时的郭妃是郭子仪的孙女，不论后宫还是朝堂，都形成了很强的势力，由郭妃的儿子李恒即位似乎顺理成章，但唐宪宗既不想被人牵制，也不喜欢这个儿子。元和十五年（820年）正月，唐宪宗李纯暴死，有传言是郭妃集团主导的，随后李恒登基，就是唐穆宗。史书记载："十五年正月，宦者陈弘志等反。庚子，皇帝崩，年四十三，谥曰圣神章武孝皇帝。大中三年，加谥昭文章武大圣至神孝皇帝。"

唐宪宗元和一朝，掌权的宦官全是宪宗的心腹，也都是唐宪宗提拔上来的，对于这些人而言，宪宗的信任和威信是自己的绝对保障。宪宗一死，这些宦官除了部分依附于太子李恒即唐穆宗之外，其余的基本都被杀掉了。

关于唐宪宗之死，历来有几种说法：首先有一种说法是唐宪宗被方士的丹药所误；另一种说法就是被唐穆宗李恒所弑；第三种则说的是被宦官所杀。

持第一种说法的人认为，唐宪宗因为服药过量而死。像晚唐时期的大多数皇帝一样，唐宪宗对于炼金术十分关注，醉心于长生不死之术，而这种丹药很多时候是含有毒素的，常年服用这种药物，会使人精神不安定，长期积累下来的剧毒物质会让病人烦躁的状态长久不能治愈。但这种被方士丹药所误之说只不过是杀害唐宪宗的凶手为掩人耳目而提出的说法，现在基本上已经被排除掉了。

因此相信第二和第三种说法的人比较多。关于唐宪宗被宦官所杀的说法，史书上有明确记载。而陈寅恪先生在他的著作《唐代政治史述论稿》和《顺宗实录与续玄怪录》、吕思勉先生的《隋唐五代史》中都有所论述。唐史名家黄永年教授对这一历史事件也有过较为详细的论述。黄永年先生指出，唐朝宦官和皇帝的关系只是家奴和主子的关系，中晚唐宦官的所作所为，实际是家奴在参与皇室的内部纠纷，如同旧社会豪门大族里各房的奴婢分别帮助其主子争产业，而并非奴婢的权力真大到可以夺取整个大家族的家产。从《旧唐书》和《新唐书》中可以发现，唐宪宗的死与当时的太子之争是有关系的。

六、甘露之变

唐文宗大和年间，自元和以来的宦官问题日益严重，宦官有时权力很大，连天子都在其掌握之中，人们都是敢怒不敢言。文宗大和二年（828年），皇上亲自策制举人，被举荐贤良方正的刘蕡的对策直言宦官之祸，他说昔日秦之亡是因为过于强暴，汉之亡是因为过于微弱，强暴的话就会让贼人畏死而害上，微弱的话就会令奸臣窃权而震主。他希望皇上可以将国权归于相，将兵权归于将，并指出当时由于外官中官之别和南衙北司之争使得法令出于多门，以致官员不知所措。刘蕡希望唐文宗可以早日改革时弊。考官左散骑常侍冯宿等人见到刘蕡的策书都十分叹服，但由于畏惧宦官而不敢取用。而当时举荐的贤良方正裴休、李郃、李甘、杜牧、马植、崔玙、王式、崔慎等22人皆中第授官。听到刘蕡未被录取，众人心中多有不平，李郃说："刘蕡落榜而我们登科，还有比这更让人脸红的事吗？"于是，他上书皇帝，认为刘蕡的对策自汉魏以来无人可比，请皇上收回对自己的封赏来赐给刘蕡。但授官结果还是没有办法更改，刘蕡因此不能在朝中做官。

唐文宗的祖父是唐宪宗，唐文宗的哥哥是唐敬宗，他们皆死于宦官之手，而文宗和他的父亲唐穆宗则都是被宦官所拥立的。因此，文宗对于宦官专权的危害十分清楚，他十分想铲除宦官势力。然而当时的朝中大臣基本上分裂为牛、李二党，他们之间的党争十分严重，以至于各自结交宦官以稳固自己的地位，反倒是对消灭宦官没有多大的兴趣。于是，文宗只得从中下级官员中寻找支持者。

大和四年（830年），李训和郑注逐渐得到了唐文宗的重视。郑注出身寒微，李训也曾因为犯罪被流放过。他们二人揣测到上意是想要铲除宦官势力，于是就多次向文宗进言，文宗看到了他们的才能，认为可以在一起共谋大事。由于李训和郑注都是被宦官王守澄推荐给文宗的，因此文宗重用此二人宦官集团并没有什么怀疑。由此二人愈发得到了皇帝的信任，而李训、郑注二人也以消灭宦官为己任，相互帮扶，朝夕计议。对于外人而言，只道是李训、郑注倚仗宦官势力作威作福，但都不知道其与文宗之间的密谋。

李训和郑注为皇上出谋划策道:"欲要太平,应先除宦官,再收复河、湟,接着清整河北。"他们说得很有条理,文宗皇帝也深信不疑,对他二人的宠幸也就日益增加了。当时朝堂之上很多人都说郑注马上就要成为宰相了,但李训对郑注有所顾忌,并不想让郑注为相。在此期间,李训、郑注一派的官员逐渐升迁,他们重用了舒元舆、郭行余、王璠、罗立言、韩约、贾𫗧、裴度等人,并弹劾了所厌恶的官员。此外,他们还从牛、李二党身上开刀,贬逐了李党的首领李德裕、牛党的首领李宗闵等许多朋党官员。因此,当李训、郑注二人做好基本的准备之后,便打算开始清除宦官势力。

大和九年(835年)秋,李训和郑注利用宦官集团自身的内部矛盾,先是把反对宦官王守澄的韦元素、杨承和、王践言三人逐到地方上当监军后处死。但随即发现如此一来王守澄的权力过于强大了。而唐文宗当年可以顺利继位,右领军将军仇士良是有功劳的,由于王守澄对于仇士良多有抑制,于是二人渐生嫌隙。李训和郑注就借机为文宗出主意,让文宗提拔仇士良来分割王守澄的权力。于是文宗任命仇士良做了左神策中尉,这样一来王守澄便十分不悦。接着文宗任命右神策军中尉、行右卫上将军、知内事省事王守澄为左右神策军观军容使,兼十二卫统军,想着明升暗降把王守澄架空,使之失去兵权。随后,他们又借助追查当年唐宪宗被害一事杖杀了在外地当监军的宦官陈弘志。宪宗驾崩的时候，人们都说是宦官陈弘志所为，但后来陈弘志却做了山南东道监军。李训为皇上谋划，召陈弘志回来，等到了青泥驿的时候则将其杖杀。当年十月，李训和郑注秘密上书文宗，请皇上下令除掉王守澄，由于此时的王守澄已经没有了实际兵权，所以很快他就被赐死了。李训、郑注二人本是因为王守澄的推举才进入朝廷，直至有了当时的地位，等到他二人相谋杀掉王守澄之后，人们既因为除掉一个大宦官而高兴，同时也开始担心李训、郑注的阴狡。

其后郑注请求出任凤翔节度使，文宗应允。李训虽然因为郑注的升迁而使得他们这一派实力大增，但他在心理上十分忌惮郑注。他想诛灭宦官集团后连同郑注一并清除。至此，清除宦官势力的行动取得了初步进展，前途看似一片光明。

李训提拔的官员，虽然多有一些狂险之士，但有时候也会提拔一些很有名望的人来顺应人心，比如裴度、令狐楚等人，所以当时的很多士大夫真的希望李训、郑注两个人可以为唐王朝干出一番事业来。然而，一些有识之士看到他们平时蛮横的样子，也就料到其日后必然失败。

起初，李训、郑注二人合谋，想着等郑注到了凤翔节度使任上之后，便选取数百名壮士为亲兵，等到王守澄下葬的时候，郑注就上表请求入朝护丧并带领亲兵相随，同时命令内臣中尉以下之人尽皆送葬，趁此机会来尽诛宦官。然而计划商定好之后，李训却对他的同党说："如果这件事做成了，那郑注就会独享这份功劳，不如让郭行余、王璠以前赴藩镇为名，招募一些精壮之士，同时调用金吾、台府吏卒先于郑注诛杀宦官。"由于郭行余、王璠、罗立言、韩约以及中丞李孝本都是李训的亲信，李训在商议这件事的时候只与上述这些人以及舒元舆进行了交流策划，并没有告诉其他人。因此，被之前的胜利冲昏头脑的李训等人过早地采取了行动。

大和九年年底的一天，文宗登殿朝见百官。此时，韩约上奏，称金吾左仗院的石榴树上有天降甘露，是大祥瑞，于是百官进行朝贺。文宗先派宰相和众臣前去观看，过了很长时间之后李训等人回来说不像是真的甘露，不建议急着宣布，否则众人肯定会立刻前来称贺。于是文宗又令左、右神策中尉仇士良和鱼弘志带领众宦官去看。宦官一走，李训急忙把郭行余和王璠叫到身边来传达皇帝的旨意，王璠胆小不敢上前，只有郭行余下拜接旨。此时的李训已经在院中埋下了伏兵，只等宦官一到就群起而围歼之，但原计划中的一部分兵士没有前来。

仇士良等人来看甘露，却发现韩约变色流汗，十分奇怪，于是就问他为何如此，恰巧此时风吹动了旁边的幕帘，仇士良等人发现了后面的兵士，而此时兵士们又发出了声响，于是看出破绽的仇士良夺门而出。仇士良跑到唐文宗身前说发生了政变，李训急忙让周围的金吾卫前来护驾，但宦官们对皇帝说事情紧急，请文宗赶快回宫，说完急忙劫持着文宗回宫，李训赶忙上前拦住皇帝的车驾不让皇帝回去。此时，金吾兵已来，而罗立言和李孝本带的人也都赶到了，他们登殿击杀，宦官们大呼冤枉，死伤10余人。此时李训更加着急地想要拦住文宗，文宗呵斥他不要这样，一旁的宦官将他打倒在地，最终宦官挟持文宗而去。李训知道事情失败了，于是骑着马跑了出去。王涯、贾餗、舒元舆回到中书，相互商议说皇上要召见，有事相商，这时候一些官员回来问到底发生什么事了，他们三人都说不知道，请大家各自先回去。仇士良等宦官知道皇上也参与了谋划，心中十分怨愤，对唐文宗说话也开始出言不逊了，皇上既惭愧又害怕，于是不再多说话了。

仇士良等人命令左右神策副使刘泰伦、魏仲卿等各率禁兵500人前去讨贼。此时有人跑来对王涯说有兵从皇宫中出来了，他们见人就杀。于是王涯等人十分狼狈地往外跑，中书、门下两省和金吾卫的士卒官吏1000多人也都争着向门外逃跑，来不及跑的600余人皆被杀死，而对于参与此事件官员的搜捕还在进行之中。舒元舆换衣服出逃被擒获，王涯也被擒获，他已经70多岁了，受不住拷打，只得违心地承认自己与李训一同谋反，想要立郑注为皇帝。而王璠回到自己的私宅让兵丁守卫。这时候神策军派人前来，骗他说王涯等人谋反，朝廷想任命您为宰相，鱼弘志派我们来告诉您这个意思等语。于是王璠走出府宅，随即被抓获。其后，罗立言以及李训的弟弟等人都被抓获。当时负责抓人的禁兵还趁乱抢掠杀害了一批富户，将他们的财富据为己有，而城里的一些凶恶之徒也趁乱相互攻劫，报仇抢掠，后来出动神策军才稳住了局面。不久之后，贾餗、李孝本等人也都相继被擒。李训则在出逃的过程中被俘，为了避免日后遭到侮辱，他请押送自己的人将他的首级献给朝廷。最后，舒元舆、王璠、罗立言、韩约、贾餗等人皆被杀害，而郑注也在凤翔被监军所杀，宦官借此机会滥杀无辜，长安城内血流成河。这件事被人们称为"甘露之变"。

此后，宦官集团一手掌握了唐王朝的军政大权，直到昭宗天复三年（903年）被朱温一举消灭。而此时的唐朝也即将走向尽头。

第四章 政治与权谋

——唐长安城内的政治制度与政治名人

李唐一代，人才辈出，在唐朝的统治中心长安城内，有这样一群人，他们是李唐王朝的核心人物，他们的统治与权谋关乎着王朝的命运与前途，他们之中有治国贤君也有昏庸之主，有忠臣良将也有误国奸佞，但无论贤明与否，都与国家的命运息息相关。他们的统治权力都依靠政治制度的保障。唐代的政治制度，体现了唐朝超前性的政治文明。这种文明在中国古代达到了一个高峰，不仅影响到之后中国古代官僚体制的发展，而且影响到东亚文化圈内如日本和韩国等国的政治制度。重温这段历史，不仅能看到唐人优越制度下的自信，也可以启发后世。

一、唐代优越的政治制度

唐代的政治制度不仅为唐代的社会、经济、文化的发展提供了制度保障，而且对唐以后的各王朝的政治制度也产生了深远的影响。北京大学的吴宗国教授在《盛唐政治制度研究·绪论》中曾总结唐代政治制度的历史特点如下：

第一，唐朝最终结束了家国一体和贵族门阀政治的国家体制，开启了皇帝—官僚政治体制。

第二，唐朝政治体制的基本格局，奠定了后代官僚政治制度的基本框架和运行模式。

第三，唐代各级官吏的任用都必须经过考试，官僚形态呈现出新的特点。

第四，唐代政治制度一直随着社会形态的不断变化而调整，体现出较强的自我完善的机制。

第五，在政治制度的运行中，原则性与灵活性相结合。

唐代中央行政机构是尚书省六部二十四司、九寺、三监（五监）。

隋代确立了尚书省六部二十四司的行政机构，这种结构不仅整齐划一，极具制度美感和对称性，而且也是汉魏以来统治经验的制度性总结。六部设计代表了国家行政事务中最为重要的六项内容。"尚书—寺监"体制也是在隋代初步建立，后为唐代沿袭。

严耕望先生在《论唐代尚书省之职权与地位》中已经提出："尚书六部上承君相之制命，制为政令，颁下于寺监，促其施行，而为之节制；寺监则上承尚书六部之政令，亲事执行，复以成果申于尚书六部。故尚书六部为上级机关，主政务；寺监为下级机关，掌事务。"因此在隋代确立"尚书—寺监"体制之后，大约至开元十一年中书门下体制成立以前，国家管理方面的大部分重要事务都需要通过尚书六部来申报和裁决。但需要强调一点，寺监与尚书省之间的行政事务往来是在令式规定的框架内进行。如唐代宗永泰二年（766年）曾下制恢复尚书省在中枢体制中的枢纽作用，是年四月十五日，下制曰："其尚书宜申明令式，一依故事。诸司、诸使及天下州府，有事准令式各申省者，先申省司取裁，并所奏请。"这条材料证明在唐前期三省制下，寺监申尚书省的政务内容以及门下省的读、省、审流程都必须以相关令式为依据。

寺监与六部二十四司的关系表

寺监	宗正寺	司农寺	太府寺	太常寺	鸿胪寺	光禄寺	国子监	卫尉寺	太仆寺	大理寺	少府监	将作监
对口司	司封	仓部	金部	礼部	主客	膳部	礼部	库部	驾部	刑部	工部	工部
所属部	吏部	户部		礼部				兵部		刑部	工部	

唐前期的中枢体制是三省六部制。三省为中书省、门下省、尚书省。一般认为三省分工是：中书省负责定旨出命，门下省掌封驳审议，尚书省负责贯彻执行。其实据刘后滨先生的研究，这种认识并不正确。如果从政务运行的角度看，政务文书处理方式不同，其政务运行流程也不同，而且有上行文书和下行文书的差别。

《唐六典》卷一《三师三公尚书都省》载："凡上之所以逮下，其制有六，曰：制、敕、册、令、教、符。（天子曰制，曰敕，曰册。皇太子曰令。亲王、公主曰教。尚书省下于州，州下于县，县下于乡，皆曰符。）""制"原本称"诏"，武则天称帝因避讳"曌"，而改成"制"。《唐六典》卷八《门下省》记载："凡下之通于上，其制有六：一曰奏抄，（谓祭祀，支度国用，授六品已下官，断流已上罪及除、免、官当者，并为奏抄。）二曰奏弹……三曰露布……四曰议，（谓朝之疑事，下公卿议，理有异同，奏而裁之。）五曰表，六曰状；……皆审、署、申、覆而施行焉。（覆奏书可讫，留门下省为案。更写一通，侍中注"制可"，印缝，署送尚书施行。）"

唐前期公文运作和政务裁决主要有两个途径：第一，以门下省为中心的奏抄的运作和律令格式规定范围内的政务裁决；第二，以中书省为中心的表状的运作及需要皇帝敕裁的政务审批。在此仅简要阐发第一个途径。唐代实行分层决策原则，虽然最终决定权在皇帝手中，但政务有重大和常规的不同。一般政务的决策机制是：由尚书六部的相关司商议决定，拟出处理方案，经尚书、侍郎、尚书都省审核通过后，再交送门下省按照相关法规进行审核。小事待门下省审核后，呈报给皇帝。皇帝一般不会再审核，而只是画"闻"字。意思就是"知道了"。此流程中，门下省权力最大，行用的文书为"奏抄"。但涉及大事，如基本国策的制定，五品以上官员的任免等，先由宰相在政事堂商议，然后再奏请皇帝批准。

这就又涉及中央机构政务处理的基本原则"百司商量，宰相筹画"。因此，唐代的皇帝不是独权专行，而是与宰相等百官一起商议国家大事。《贞观政要》卷一《论政体》记载：贞观四年，唐太宗曾问萧瑀："隋文帝何如主也？"萧瑀回答说："克己复礼，勤劳思政，每一坐朝，或至日昃，五品已上，引坐论事，宿卫之士，传飧而食，虽性非仁明，亦是励精之主。"太宗说："……（隋文帝）不肯信任百司，每事皆自决断，虽则劳神苦形，未能尽合于理。……朕意则不然，以天下之广，四海之众，千端万绪，须合变通，皆委百司商量，宰相筹画，于事稳便，方可奏行。岂得以一日万机，独断一人之虑也。"唐代的宰相称为"知政事官"。《旧唐书·职官志》记载："武德、贞观故事，以尚书省左右仆射各一人及侍中、中书令各二人，为知政事官。其时以他官预议国政者，云与宰相参议朝政，或云平章国计，或云专典机密，或参议政事。"从贞观时期开始宰相在门下省"政事堂"举行会议。从唐高宗中期开始，中书省地位开始提升，重要性不断提高，到武则天执政时候将政事堂转移到中书省。

监察制度发展到唐代也非常完备与严密。国家监察机关是御史台。御史台是独立于行政体系的国家监察机关，与三省六部无隶属关系，因而不隶属宰相，而是直接对皇帝负责。御史台主要职责是纠察百官、推鞫刑狱，监督府库出纳。御史台分为三院：一曰台院，其官员称为侍御史，负责监察、纠弹中央官员，也参与疑难案件的审理；二曰殿院，其官员称为殿中侍御史，负责监察百官在殿廷上的违法或失礼言行；三曰察院，其官员称为监察御史，负责监察京中百官和巡察州县的官员。唐代的御史监察职权的重心从监察官员个人行为，转为监察官员所掌行政事务。这表示唐代的监察体系渐趋完善。此外还有谏官：左右散骑常侍、左右谏议大夫、左右补阙、左右拾遗，左属门下省，右属中书省。谏官能直言皇帝过错，还对不便于时、不合于道的国家大事提出自己的意见。

二、唐太宗与魏徵

唐太宗李世民，是唐高祖李渊的次子，母亲是太穆皇后窦氏。大业年间，16岁的李世民就能给当时的将军提出制敌之策，可谓年少有胆识。高祖起兵之后，李世民率领部队四处征战，多次向唐高祖进献良策，屡立战功，直至攻克长安。义宁元年（617年），李世民被封为光禄大夫、唐国内史、秦国公，后又被封为赵国公，战功卓著，并于武德元年（618年）被封为秦王。

武德九年（626年）八月，李世民即皇帝位于东宫显德殿，尊唐高祖李渊为太上皇。他大赦天下，免除了多地的年租，并奖励高寿老人，放还宫女3000余人。李世民立长孙氏为皇后，立中山郡王李承乾为皇太子，随后改元贞观。

唐太宗李世民在位期间吸取隋亡的教训，总结了历史经验，勤于政务、励精图治，使得当时的唐代社会政治较为清明、社会较为安定、经济发展较快，历史上称之为"贞观之治"。唐太宗的为君之道，主要体现在"五个重视"。

第一，重视百姓。太宗"以民为本"，把百姓放在心里。他所认为的"君，舟也；民，水也。水能载舟，亦能覆舟"不是政治口号，而是亲身经历强大隋王朝短时间内土崩瓦解之后的反思。贞观初，太宗对侍臣说："为君之道，必须先存百姓。若损百姓以奉其身，犹割股以啖腹，腹饱而身毙。"还说："凡事皆须务本。国以人为本，人以衣食为本，凡营衣食，以不失时为本。夫不失时者，在人君简静乃可致耳。若兵戈屡动，土木不息，而欲不夺农时，其可得乎？"

第二，重视仁义。贞观二年（628年），太宗对侍臣说："朕谓乱离之后，风俗难移，比观百姓渐知廉耻，官民奉法，盗贼日稀，故知人无常俗，但政有治乱耳。是以为国之道，必须抚之以仁义，示之以威信，因人之心，去其苛刻，不作异端，自然安静，公等宜共行斯事也。"

第三，重视纳谏。贞观初，太宗曾对公卿说："人欲自照，必须明镜；主欲知过，必藉忠臣。主若自贤，臣不匡正，欲不危败，岂可得乎？故君失其国，臣亦不能独全其家。至于隋炀帝暴虐，臣下钳口，卒令不闻其过，遂至灭亡，虞世基等，寻亦诛死。前事不远，公等每看事有不利于人，必须极言规谏。"

第四，重视改革制度。唐太宗即位后，为了巩固统治，他在政治、经济、文化、军事等方面实施了一系列的措施，完善了唐王朝的各项制度。政治制度方面，唐代中央政权的主要机构是三省六部制。在地方上，唐朝仍然实行州、县两级制。到了贞观十三年（639年）的时候，全国有358个州、1511个县。在法律方面，唐高祖曾令裴寂等人以隋代的《开皇律》为基础，于武德七年（624年）制成《武德律》。唐太宗李世民即位后命令长孙无忌和房玄龄等人对《武德律》进行了修订，终于在贞观十一年（637年）修成了《贞观律》并颁行全国。至此，唐律就基本上形成了。

第五，重视选贤任能。贞观二年（628年），太宗对宰相封德彝说："致安之本，惟在得人。"贞观十三年（639年），太宗对侍臣说："朕闻太平后必有大乱，大乱后必有太平。大乱之后，即是太平之运也。能安天下者，惟在用得贤才。"唐太宗注重发挥大臣所长。魏徵直言上谏，房玄龄孜孜奉国，李靖出将入相，这些大臣都能发挥所长，一展抱负。官吏选拔的成功也有利于唐太宗政策的执行与落实，这对于贞观年间政治清明是有巨大作用的。

贞观二十三年（649年）五月，唐太宗李世民驾崩，享年53岁，后谥为文武大圣大广孝皇帝。其后，太子李治继位，是为唐高宗。后世对唐太宗的评价一般都很高，司马光就曾说过："太宗文武之才，高出前古。盖三代以还，中国之盛未之有也。"

魏徵，字玄成，生于巨鹿郡（今河北省巨鹿县）。魏徵年少时比较落魄，但胸有大志，通晓书术。魏徵开始被太子李建成任命为太子洗马，当时他看到秦王李世民功劳甚高，就暗地里劝说太子李建成早作谋划。等到玄武门之变后，唐太宗责问魏徵当初为什么要离间他们兄弟，魏徵直言："若太子早听了我的建议，也不至于有今天的杀身之祸。"李世民认为魏徵这个人很率直，于是赦免了他。

李世民非常看重魏徵。贞观十二年（638年），因诞下皇孙，太宗下诏宴公卿，当天太宗极为高兴，对侍臣说："贞观以前，从我平定天下，周旋艰险，玄龄之功无所与让。贞观之后，尽心于我，献纳忠说，安国利人，成我今日功业，为天下所称者，惟魏徵而已。古之名臣，何以加也。"于是太宗亲解佩刀以赐二人。

李世民即位后，拜魏徵为谏议大夫。当时，河北一代有很多李建成、李元吉的属下因为玄武门事变而人人自危，造成了不稳定。魏徵奉命前去安抚。路上恰好遇到了太子千牛李志安、齐王护军李思行等人被押往京城，于是他便将此二人释放，证明朝廷既往不咎，以此来安定河北州县人心。这件事成效显著，李世民十分高兴，与魏徵的关系也越来越亲密，有时候直接将魏徵引入内殿去探讨天下大事。魏徵也感觉遇到了明主，尽展底蕴无所隐瞒。他上奏200余次，每一次的内容都是太宗所关心的，因此，魏徵更加得到太宗重视，官拜尚书右丞，兼谏议大夫。

然而此时有人却向唐太宗进谗言，说魏徵结党营私，太宗就派温彦博查证，结果证明是谣言。温彦博对唐太宗说："魏徵为人不能做到远离嫌疑，因此招来诽谤，应该让他注意。"于是李世民传召魏徵，对他说了温彦博的建议，而魏徵却说："我听说君臣同心，是为一体。哪有放下公道，只注意检点自己言谈举止的道理呢？"李世民为之所动。魏徵又说："愿陛下把我当成良臣，不要只把我当作忠臣。"李世民不解，问魏徵良臣、忠臣有什么区别，魏徵答道："良臣，稷、契、咎陶之类；忠臣，龙逢、比干之类。良臣身负美名，协助皇帝共创治世，流芳百世；而忠臣则是自己因祸被诛，让君主陷于昏恶之名，以至国家灭亡，只是自己取得了空名。这就是良臣与忠臣的差别。"李世民十分认同。之后的十几年中，魏徵始终无愧于自己谏臣的称号，在诸多事件中向唐太宗提出谏言，及时纠正君主的过失。贞观十七年（643年），魏徵病死，李世民十分悲伤，为此废朝5天，最后追赠魏徵为司空、相州都督，谥号

"文贞"。唐太宗李世民本想厚葬魏徵，结果魏徵的妻子以其生平朴素不喜奢华为由拒绝，最后丧事一切从简。魏徵死后，唐太宗对他追思不已，曾在临朝的时候对侍臣说道："夫以铜为镜，可以正衣冠；以古为镜，可以知兴替；以人为镜，可以明得失。朕常保此三镜，以防己过。今魏徵殂逝，遂亡一镜矣！"唐太宗虚心纳谏和魏徵直言上谏的故事在历史上早已传为美谈，直至今日还被人们所传颂。

唐太宗和魏徵的君臣关系真是这么和谐吗？其实也未尽然。陈寅恪先生在《论隋末唐初所谓"山东豪杰"》中，对这一君臣关系有新的看法。

他认为，唐太宗并不是真心相信和喜欢魏徵。魏徵的许多谏言，唐太宗虽然表面上接受了并且也那样做了，但并非发自心底，而是政治作秀，是有意识树立自己的明君形象。魏徵对太宗最大的用处在于联络唐初三大政治集团。关陇集团是形成于西魏，以北魏北边六镇中的鲜卑贵族将士以及一部分汉人豪强，定居关中、陇右而形成的军事贵族集团，北周、隋、唐的始祖都属于此集团。山东贵族，是指东汉以来地处崤山以东的门阀士族。山东豪杰，是指在隋朝末年大动荡中，势力迅速崛起的地方豪强，比如李勣、秦叔宝、程咬金等。所以，魏徵或许是一位在三个鸡蛋上跳舞的人。

三、唐玄宗与李林甫

唐玄宗李隆基，是唐睿宗李旦的第三子，其母为昭成皇后窦氏。李隆基生性英武，善于骑射，通晓音律、历象之学。起初被封为楚王，后被封为临淄郡王，累迁卫尉少卿、潞州别驾。

唐隆政变后，睿宗李旦即位，立李隆基为皇太子，并于景云二年（711年）监国。延和元年（712年），睿宗令皇太子有权除授三品以下的官吏，并于八月即皇帝位。开元元年（713年）七月，太平公主及其党羽窦怀贞等人谋反，被唐玄宗李隆基诛灭，玄宗开始听政。

开元年间，唐玄宗先后任命姚崇、宋璟、张嘉贞、张九龄、韩休等人为宰相，在这些贤臣的辅佐下，唐玄宗针对当时的时弊进行了一系列改革。具体包括：第一，整顿吏治、裁汰冗官，明确各级职能，保障行政效率；第二，采取相关措施抑制食封贵族的势力；第三，对于武则天及其之后的崇佛过度问题，唐玄宗进行了纠正；第四，在农业方面，唐玄宗注重生产、兴修水利，广建农田水利工程；第五，对于土地兼并问题，进行检田括户，以此来缓和社会矛盾，增加政府收入；第六，重视教育文化的发展，兴办学校，对图书进行整理和编纂；正是由于唐玄宗的各项改革措施，开元年间，政治稳定，经济繁荣，文化昌盛，唐王朝进入了鼎盛时期，史称"开元盛世"。在此期间，农牧业恢复和发展，生产工具进步，物价稳定，户口数也逐渐上升。手工业方面，官营私营都得到了发展，纺织、陶瓷、矿冶、造船技术等等均有了显著提高。此外，这一时期的唐朝商业繁荣，注重对外交往，水陆交通发达，可谓盛极一时。唐代诗人杜甫被称为"诗圣"，他的诗被称为"诗史"，他在《忆昔》中写道："忆昔开元全盛日，小邑犹藏万家室。稻米流脂粟米白，公私仓廪俱丰实。九州道路无豺虎，远行不劳吉日出。齐纨鲁缟车班班，男耕女桑不相失。宫中圣人奏云门，天下朋友皆胶漆。百余年间未灾变，叔孙礼乐萧何律。"

然而，尽管采取了一些改革措施，但土地兼并依然严重，并最终破坏了均田制，在此期间，沉重的压迫与剥削也激化了社会矛盾，为之后的不稳定埋下了隐患。此外，由于府兵制是以均田制为前提的，均田制被破坏后，府兵制也不能独存，而为了弥补兵源不足，募兵制越发显得重要。但这样一来，就很容易形成将帅专兵的情况。由于唐玄宗喜立边功，唐代边防重镇的势力就逐渐增强，许多的精兵猛将都聚集于此。当时，中央和内地所能控制的兵力只有8万人，仅仅是边镇兵力的六分之一。之前的府兵制是"内重外轻"的格局，而现在已经是"外重内轻"了。而掌握边镇武力的是节度使，各地节度使的权力不断扩大，他们不仅领兵，还兼管民政和财政。这些节度使的势力区域也被称为藩镇或者方镇，随着他们势力的巩固，逐渐形成了地方割据势力，成为唐王朝的离心力量，隐患重重。

唐玄宗时期的开元、天宝年间，尤其是统治后期，各类社会矛盾积聚。当年励精图治年轻有为的唐玄宗李隆基，已经厌倦了日复一日的行政事务。他于天宝三载（744年）纳杨贵妃并为之挥霍无度，逐渐奢侈腐败。此外，唐玄宗还任用杨贵妃的族兄杨国忠等人为官，使得朝政十分昏暗。统治后期的唐玄宗不愿意接纳建议，提拔李林甫与杨国忠为相。他们专横跋扈，带坏了朝廷的风气。为了满足巨大的花销，唐玄宗还任命了一大批能聚敛财富的官员去搜刮民脂民膏，苛政猛于虎，渐渐地，社会矛盾不断加剧。

天宝十四载（755年）十一月，安禄山造反，攻陷了河北诸郡。安禄山是范阳、河东、平卢三镇的节度使，

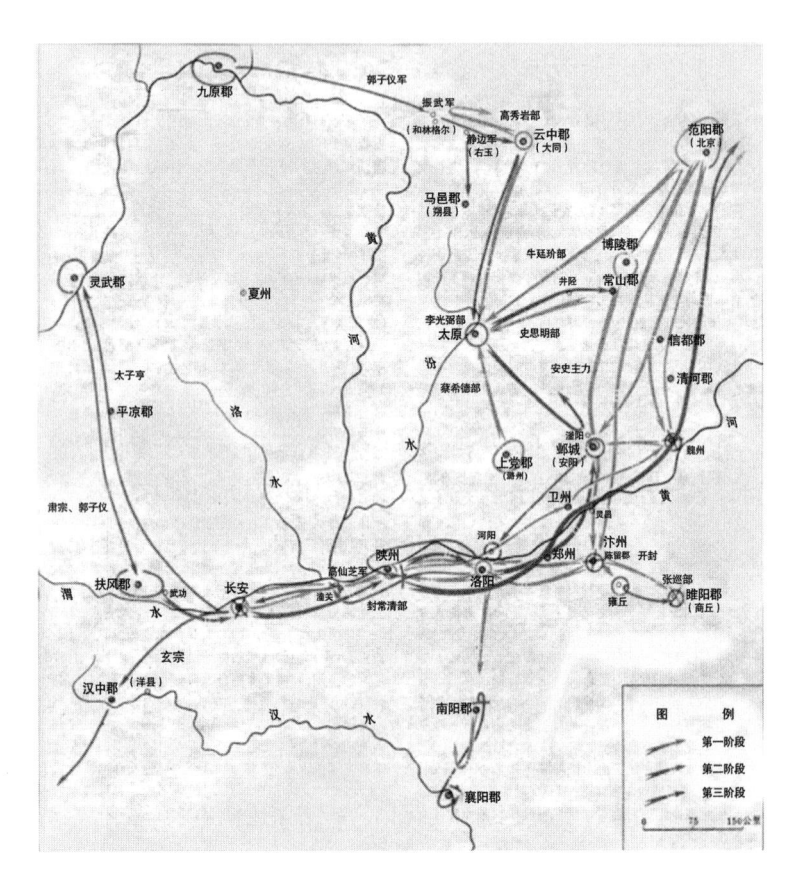

唐平安史之乱示意图

他的叛乱对于唐朝中央政府而言无疑是一次几近毁灭的灾难。与安禄山一同造反的是史思明，为了反叛，他们做了充足的准备。先是取得了唐玄宗的信任，接着开始招募兵马、积聚物资，经过秘密的准备，于天宝十四载（755年）冬以奉密旨讨伐杨国忠为名，拥兵15万，在范阳发动叛乱。河北很快沦陷，叛军直逼东都洛阳。由于唐王朝此时处于"外重内轻"的格局之下，没有什么军队可以调动，而刚刚招募来的新兵又没有经过训练，所以根本挡不住训练有素的叛军进攻。当年十二月，叛军攻陷洛阳，安禄山则在第二年（756年）正月，在洛阳自称大燕皇帝，建立起属于自己的政权。

叛军所到之地，烧杀抢掠，激起了当地人民的反抗。常山太守颜杲卿、平原太守颜真卿等17郡的地方官吏合兵力20多万自保，给叛军带来了很大的威胁。安禄山派史思明回击，杀掉了颜杲卿，许多地方又重新回到了叛军手中。但不久之后，唐朝将领李光弼、郭子仪在河北大破史思明，此时，河北官吏军民再次响应，切断了安史叛军返回范阳的归路。然而就在这个关键时刻，叛军又攻克了潼关，整个战局形势急转直下。当时的潼关守将是哥舒翰，他拥兵20万，但多为临时拼凑而成的，没有经过长时间的统一训练，战斗力并不强大，只能防守不可进攻。可此时的唐玄宗和杨国忠已经成为惊弓之鸟，他们害怕哥舒翰拥兵自重，就接连派出宦官催促哥舒翰出关收复失地。哥舒翰被迫出战，在灵宝一带被叛军打败，哥舒翰被俘，潼关陷落，叛军进逼长安。此时的李光弼、郭子仪等人只得放弃河北的有利形势，收兵退回井陉。这样一来，全国的战局再度恶化。潼关陷落之后，唐玄宗慌忙出逃入蜀，到了马嵬驿的时候，随军的将士发生了哗变。他们杀掉了杨国忠并迫使唐玄宗缢死了杨贵妃。唐玄宗在七月的时候逃到了成都。而当时的太子李亨在宦官李辅国等人的簇拥下逃到了灵武一带，并于战乱中登基，改元至德，这就是后来的唐肃宗。也是在这个时候，国都长安落入了叛军手中。

然而，安史叛军也并不是铁板一块，他们在胜利成果面前出现了越来越严重的矛盾。安禄山在至德二载（757年）被他的儿子安庆绪杀死，安庆绪即位后史思明不听其调遣，于是安氏集团分裂了。同年，唐朝从河西、陇右、安西、北庭等地陆续调集了10多万军队，又向回纥借来4000名精兵，唐肃宗以其子李豫即后来的唐代宗为天下兵马元帅，以郭子仪为副元帅，一举收复国都长安。此外，在其他地区，唐军与叛军的战斗依然十分惨烈，双方互有胜负。不过江汉江淮地区得到了保全，没有被叛军占领，这为唐朝提供了经济上的支持，对于战局有着十分重要的影响。

乾元二年（759年），史思明杀了安庆绪，在范阳称大燕皇帝。上元二年（761年），史思明大败李光弱，乘胜向长安进犯，然而中途其子史朝义杀死了他，在洛阳自称皇帝。叛军经过这样反反复复的内部分裂，战斗力逐渐减弱。宝应元年（762年），唐宫廷发生政变，宦官李辅国率军进入皇宫，唐肃宗病死，李辅国拥立唐代宗李豫即位。代宗即位后，调集军队，相继收复了大量的失地。大势已去的史朝义逃回了河北，广德元年（763年），史朝义自杀，历时7年多的安史之乱至此结束。

安史之乱造成的影响是巨大的，它不仅极大地破坏了唐朝的社会经济，还让唐王朝在处理民族关系时逐渐转入被动，而此后藩镇割据日益严重，唐王朝开始逐渐走下坡路，由盛转衰了。

唐玄宗自己的命运也随着安史之乱而急转直下，天宝十五载（756年）太子李亨即位，尊其为太上皇。宝应元年（762年）唐玄宗病逝，终年78岁，葬于泰陵，庙号玄宗，后人也称其为唐明皇。值得一提的是，李隆基是中国书法史上有名的帝王书法家之一，他还富有音乐才华，对唐朝音乐发展做出了一定的贡献。

史家评论唐玄宗，说其当年亲自平韦后之乱，其后励精于政事，才有了"开元盛世"。然而等到"侈心一动，穷天下之欲不足为其乐，而溺其所甚爱，忘其所可戒，至于窜身失国而不悔"。玄宗朝前后期差别迥异，为后人所慨叹。

李林甫，祖籍陇西，是唐朝宗室，即唐高祖李渊的堂弟长平肃王李叔良的曾孙、画家李思训的侄子，后官至宰相。李林甫生性阴柔，精于权谋之术，与宫中的宦官和嫔妃交往都很深，因此他对于玄宗的举动十分了解，在奏对的时候总能让玄宗感到满意，因此越来越受到赏识。

开元二十三年（735年），李林甫与裴耀卿、张九龄等人一同担任宰相，当时太子李瑛、鄂王李瑶、光王李琚都因为母亲失宠而有所怨言。玄宗知道后十分生气，便与宰相们商议，想要废掉此三子。这时候张九龄极力劝阻玄宗不要这样做，而李林甫则一言不发。他退朝之后私下里对宦官说，这是天子的家事，何必与外人商议呢。开元二十四年（736年），唐玄宗想让朔方节度使牛仙客加实封，并让他兼领尚书，而宰相张九龄认为牛仙客这个人学识不高，就极力劝阻唐玄宗，使得玄宗十分不悦。李林甫还是没有发表意见，只是私下里对人说："只要有才识，也不一定就必须得满腹诗书嘛，天子用人有什么不可以的呢？"之后不久，唐玄宗以结党为理由，罢免了裴耀卿和张九龄的宰相之位，任命李林甫和牛仙客为相。开元二十四年（736年），李林甫接替张九龄成为中书令，他借机向唐玄宗上言，将张九龄贬为荆州长史。开元二十五年（737年），唐玄宗采纳了李林甫的进言，将太子李瑛、鄂王李瑶、光王李琚同时废为庶人,后又将三人赐死,当时人们都觉得他们很是冤屈。很快,李林甫又因为玄宗的赏识而晋封为晋国公兼尚书左仆射。

开元二十六年(738年),李林甫兼领陇右、河西节度使,当时的东宫储位空缺,李林甫劝玄宗立寿王李瑁为太子,而玄宗则想立忠王李玙。李玙仁孝恭谨、勤奋好学,年龄较长,高力士也十分支持李玙。于是在同年六月,李玙被立为太子,后来改名叫作李亨。开元二十七年(739年),李林甫兼任吏部尚书,与当时的兵部尚书牛仙客一同主持文武官员的铨选事宜。

李林甫凭借唐玄宗对他的宠信玩弄权术,排除异己,对于反对自己的官员进行陷害打压,权倾一时。后来,他向唐玄宗推荐任用番将,认为他们骁勇善战,这一点也得到了唐玄宗的批准。于是李林甫开始重用番将,这样的做法既有利也有弊。好的一方面,是任用了高仙芝、哥舒翰等一大批少数民族优秀将领,但与此同时,也让安禄山长期控制河北,为日后的安史之乱埋下了深深的隐患。

起初,由于李林甫认为杨贵妃的族兄才学浅薄,并不会威胁到自己的地位,于是对杨国忠礼遇有加。但后来由于举荐为官的事,使得杨国忠对李林甫怀恨在心。

天宝十一载(752年),由李林甫举荐的王鉷的弟弟王焊与邢縡图谋叛乱,想要杀死李林甫、陈希烈、杨国忠等人，但叛乱很快被镇压。杨国忠借机奏称王鉷也参与了密谋，而王鉷是李林甫推荐的，所以此事牵扯到了李林甫。最终的结果是王鉷被赐死，李林甫虽然没有获罪，但却逐渐被玄宗所疏远。同年十月，南诏侵犯，剑南告急，因为杨国忠当时兼领剑南节度使，于是李林甫向玄宗提议让杨国忠到剑南去赴任，想要借机将其调离朝廷。杨国忠知道后急忙跑去向唐玄宗哭诉，说自己一旦离朝，一定会被李林甫害死。唐玄宗安慰他说："你暂且先到剑南处理军务，我很快就会召你回来，让你当宰相。"李林甫知道后愤而发病，并且日益严重。杨国忠刚到剑南不久便被唐玄宗召回，此时的李林甫已经没有力量与杨国忠抗衡了。

天宝十一载（752年）十一月李林甫病逝，被追赠为太尉、扬州大都督等，之后杨国忠顺利成为宰相。天宝十二载（753年），杨国忠与安禄山合谋诬告李林甫与叛将阿布思同谋造反，李林甫被削去官爵并抄没家产，其子嗣亲属也被流放。李林甫虽死仍被剥下朝服，用小棺以庶人之礼下葬。

李林甫是玄宗朝在位时间最长的宰相，对玄宗朝的政治和唐玄宗本人产生了巨大的影响。

四、唐代宗与元载

唐代宗李豫，是唐肃宗李亨的长子，其母为章敬皇后吴氏。唐玄宗有孙子百余人，而代宗最为年长，为嫡皇孙。代宗为人聪明宽厚，喜愠不形于色，此外他还好学强记，通易象。起初，唐代宗名为李俶，被封为广平郡王。安禄山造反之后，唐玄宗去了四川，肃宗留下讨贼，而代宗则经常跟随肃宗在军营之中。

在征讨安庆绪的战役之中，代宗与郭子仪等人配合作战，大败敌军。肃宗还于京师，被封为楚王。乾元元年（758年）三月，李豫又被封为成王，四月的时候被立为皇太子。由于太子李豫出生的时候，豫州献嘉禾，于是以此为祥，更名为李豫。

后来唐肃宗卧病在床，召皇太子监国。而肃宗张皇后因为厌恶李辅国，便想要除掉他。于是张皇后召问太子,太子却不同意。张皇后就与越王李系谋划。后来唐肃宗病危,宝应元年(762年)四月,张皇后与越王想将太子李豫召入宫中,飞龙副使程元振知道他们的计划后赶忙告诉了李辅国。李辅国让太子不要入宫去,自己则率兵入宫杀了越王李系及兖王李偘,并将张皇后幽禁于别殿。这天晚上,肃宗李亨驾崩,太子李豫在九仙门面见了群臣,第二天为肃宗发丧。李豫即皇帝位于肃宗灵柩前。同年五月,代宗任命李辅国为司空。

宝应元年(762年)十月,诸将进攻史朝义,史朝义败走后不久死于幽州,守将李怀仙斩其首级来献,于是河北的叛乱被讨平了。广德二年(764年)正月,唐代宗李豫立雍王李适为皇太子。唐代宗统治时期,先是杀死了权倾一时的宦官李辅国,接着又让元载设计杀死了大宦官鱼朝恩,打击了宦官的势力。大历十四年(779年)五月,唐代宗召皇太子监国,后在紫宸殿驾崩,时年53岁。唐代宗李豫平乱守成,被史家认为是一位"中材之主",其历史评价一直以来也相对较高。

元载字公辅,凤翔岐山(今陕西岐山)人,是唐朝时期的宰相。元载出身寒微,自幼好学读书,尤其喜欢道学,天宝元年(742年),唐玄宗举行策试,元载因为精通道家学说而考中,自此做官。至德元载(756年),唐肃宗在灵武即位,肃宗返回长安后,元载深受肃宗的器重,督领江淮转运事务,又加御史中丞。宝应元年（762年），唐肃宗病重，而宦官李辅国专权，因为元载与李辅国交好，而李辅国有拥立之功，被封为中书令，权力很大，于是唐代宗继位之后，元载就被任命为中书侍郎、同平章事。

宝应元年（762年）六月，李辅国被罢免了宰相之权，而他所担任的天下元帅行军司马一职被元载所继承。同年，唐代宗指使人将李辅国杀死，元载也参与了其中的密谋。此后，元载更受皇上的宠信，代宗十分倚重元载。

那时的禁军被宦官鱼朝恩所掌控，很多人都迫于他的权势而不敢与之作对。大历四年（769年），元载历数鱼朝恩的罪状，希望唐代宗将其诛杀。而代宗对鱼朝恩也十分忌惮，于是他让元载来做这件事。元载先是收买了鱼朝恩的亲信皇甫温和周皓，掌握了鱼朝恩的动态。大历五年（770年）三月，唐代宗在禁中设宴，结束之后代宗将鱼朝恩留下，指责他有图谋不轨的想法，而此时的鱼朝恩并不知道自己的亲信已被收买，态度依然十分傲慢，结果周皓指挥武士们捉拿并缢死了鱼朝恩。

鱼朝恩死后，元载兼任度支使，但他自恃有除恶之功，逐渐骄傲自大，到后来开始大权独揽，以至于连唐代宗都无法忍受了。有一次，元载认为自己的奏本呈上之后一定会被批准，于是未等代宗批示，就开始行动，这让唐代宗十分不满。

大历六年（771年）有人向皇帝进言，陈奏元载的恶迹，元载知道这件事情之后竟然罗织了一个罪名，将上奏的李少良等人杖杀。一时之间，人们都不敢再谈论元载的所作所为了。这时的元载愈发不知收敛，他培植亲信，排除异己，受贿贪污，奢侈享乐。而代宗想到元载担任宰相一职多年，并且确实做过不少贡献，就想让他自己收手，有所节制，但元载仍旧不听劝告，以至于代宗对元载逐渐厌恶，决定将权力逐渐收回。

大历十二年（777年）三月二十八日，唐代宗命左金吾大将军吴凑捕捉元载等人，并将其子与亲信一同下狱。沦为阶下囚的元载只得服罪，被赐自尽。唐代宗继而将元载的妻子以及其他几个儿子尽皆赐死，抄没全部家产，连元载父祖的坟墓也被开棺弃尸了。

兴元元年（784年）唐德宗因为元载之前曾帮他成为太子，于是便追复了元载的官，并且同意将其改葬。当时给元载的谥号是荒，后改为纵。

五、唐武宗与李德裕

唐武宗李炎,是唐穆宗李恒的第五子,其母为宣懿皇后韦氏。开始的时候被封为颖王,累加开府仪同三司、检校吏部尚书。

开成五年(840年)正月,唐文宗病重,神策军护军中尉仇士良、鱼弘志矫诏废皇太子李成美为陈王,立颖王为皇太弟。于是唐武宗李炎在文宗柩前即位,随后杀掉了陈王李成美等人。武宗听政后,追尊其母为皇太后。

唐武宗在位时,任用李德裕为宰相,对唐朝后期的弊政做了一些改革。会昌三年(843年),昭义节度使刘从谏病死,其侄刘稹想要承袭节度使之位割据一方。唐武宗采纳了李德裕的建议,出兵征讨刘稹。会昌四年(844年),刘稹被部下所杀,叛乱随即平息。在其他方面，李德裕也推出了一系列改革措施，对于当时唐王朝的内外矛盾有一定的缓解作用。此外，唐武宗李炎崇信道教，而当时的佛教势力过大，在一定程度上损害了国库收入，在道士赵归真的鼓动和李德裕的支持下，会昌五年（845年），唐武宗下令大量拆毁佛寺，并派御史分道督察。数月时间内，全国拆毁寺院共4万余所，还俗僧尼20多万人、释放奴婢十几万人，并且没收了大量的寺院土地。武宗时期的毁佛事件扩大了唐朝政府的税源，巩固了中央集权。唐武宗李炎在位7年，对内打击藩镇和佛教，对外击败回鹘，加强了中央集权，使得唐朝一度出现"会昌中兴"的局面。

会昌六年（846年）三月，唐武宗病重，左神策军护军中尉马元贽立光王李怡为皇太叔。此后不久，唐武宗李炎在大明宫驾崩，时年33岁。

李德裕，字文饶，赵郡赞皇（今河北赞皇）人，是唐朝的政治家和文学家，也是唐代十分出名的"牛李党争"中李党的领袖。

李德裕是中书侍郎李吉甫的次子。他早年间通过门荫入仕为官，历任多项职务，历经了宪宗、穆宗、敬宗、文宗，四朝，但因为党争曾多次被排挤出长安。开成五年（840年），唐武宗李炎即位，拜李德裕为相。当时武宗不理朝政，喜欢出猎游幸，李德裕对武宗时常劝谏。在此期间，李德裕得以执政于朝堂。他外攘回纥，内平泽潞，裁汰冗官，节制宦官，在诸多方面都取得了显著的功绩，被拜为太尉，封卫国公。

唐武宗去世后，唐宣宗即位，由于李德裕位高权重，他被贬为崖州司户。大中四年十二月（850年1月），李德裕在崖州病逝。唐懿宗时期追复了李德裕的官爵，并加赠左仆射。

历史上，有人认为李德裕是一代良相，也有人认为他是党争的领头人之一，但很大一部分人对于李德裕的评价还是比较高的。例如李商隐曾说过李德裕是"成万古之良相，为一代之高士"。范仲淹认为："李遇武宗，独立不惧，经制四方，有相之功，虽奸党营陷，而义不朽矣。"欧阳修的评价是："赞皇文辞甚可爱也。其所及祸，或责其不能自免，然古今聪明贤智之士不能免者多矣，岂独斯人也欤！"朱熹的评价是："德裕所言虽以利害言，然意却全在为国；僧孺所言虽义，然意却全济其己私。且德裕既受其降矣，虽义有未安，也须别做置处。乃缚送悉怛谋，使之恣其杀戮，果何为也！"胡三省则认为："牛僧孺患失之心重，李德裕进取之心锐，所谓楚则失矣，齐亦未为得也。"

第五章 诗歌与仕途
——唐长安城内的才子悲歌

诗歌能在唐代繁荣的原因有很多,其中一个重要的原因是入仕的需要。唐代中后期的科举注重"以文取士",诗歌已经成为步入仕途的敲门砖。科举制萌芽于隋,到唐代得到完善与发展。科举制就诞生在长安城,是当时世界领先的制度,为之后1000余年的各朝代确立了通过考试选拔官吏的方式,不仅为政府源源不断地提供了有文化、有素养的官员,而且缓和了社会矛盾,促进了社会阶层的流动,并形成士大夫阶层,从而有利于社会的稳定与儒家文化的传播。

一、唐代的入仕途径与教育体制

唐代主要的入仕途径有四种：科举，流外入流，门荫，斋郎、品子、勋官等番上。

具有门荫待遇的主要条件是：三品以上散官、职事官的曾孙以上，五品以上子、孙，二品勋官子。官员品阶不同，门荫子孙入仕的品阶也不同。《唐六典》记载："一品子，正七品上叙，至从三品子，递降一等；四品、五品有正、从之差，亦递降一等；从五品子，从八品下叙。"门荫一直存在，并有其合理性。高官子孙从小的见识自然与庶民子孙不同，对为官从政之道了解得比较早，如果资质尚可，入仕之后，做官办事也比较顺利。

流外入流是九品以外的流外官，如中央部门中的录事、令史、楷书手、典书等等，经过吏部选拔，可授予流内官职，但升迁途径有限，一生可能都是在做低级官员。流外官非常重要，一般公文的起草、誊录、审核等都由他们负责，因此其具体办事能力较强，但对大政局的掌握可能较差。

斋郎是指太庙斋郎和郊社斋郎。斋郎、品子都要经过考试才能入仕，但考试比科举要容易很多。因此，对于资质一般或较差，但又符合条件的官员子孙，这也算是入仕的捷径。

唐代的科举分常科和制科。常科，又叫常举，每年举行，分为六科：秀才、明经、进士、明法、明书、明算。考中以后只是获得做官资格，但不能立刻授官，还需要经过吏部的考核选拔才能做官。制科，又叫制举，是皇帝临时下制或诏，临时举行的不定期的科举考试，目的在于选拔非常之才。考试内容是根据国家一定时期的政治需要而命题，要应考人提出自己的意见或建议。这种方式更注重应考人的真实执政水平。制举不限应考人身份，在职官员、已参加常举获做官资格者、庶民百姓都可以参加，登科后立刻授官，而且以后升迁的空间很大。

唐代科举考试录取名额有限，考试题目不能完全体现应举人的真实水平。主考官在有限的时间和精力下，高效率发现人才便是一个难题。随着科举制的发展，出现了"行卷"制度，即应考人将自己最得意的诗文编辑成卷轴，呈送给当时社会名流和高官显贵阅览，然后由他们推荐给主考官。唐玄宗天宝以后这就成为一种制度。如唐文宗大和二年（828年），太学博士吴武陵向主考官礼部侍郎崔郾推荐杜牧的《阿房宫赋》就是例证。李白到长安也是渴望被推荐入仕。唐代还有文人为推销自己而写诗歌，这类诗叫干谒诗，类似于现在的自荐信。如孟浩然就曾给丞相张九龄写了一首《临洞庭湖赠张丞相》，渴望得到援引推荐："八月湖水平，涵虚混太清。气蒸云梦泽，波撼岳阳城。欲济无舟楫，端居耻圣明。坐观垂钓者，徒有羡鱼情。"从"欲济""坐观""羡"等词能解读出孟浩然期望得到张九龄的推荐。

唐代对参加科举考试的人没有限制，只要不是工商之家子孙就行。与现代社会完善教育体制相比，唐代的教育体制具有特权性、封闭性、有限性的特点。唐代的教育体制主要有三类：第一，国子监六学；第二，弘文馆、崇文馆；第三，州学、县学。此三类，可简称为"官学"，但生源和人数受到限制。

官学虽不能满足全社会对教育的需求，但在当时世界已经算是先进制度。唐太宗非常重视中央官学建设，《旧唐书·儒学传序》记载："大征天下儒士，以为学官。数幸国学，令祭酒、博士讲论，毕，赐以束帛。学生能通一大经已上，咸得署吏。又于国学增筑学舍一千二百间，太学、四门博士亦增置生员，其书算各置博士、学生,以备艺文,凡三千二百六十员。其玄武门屯营飞骑,亦给博士,授以经业,有能通经者,听之贡举。是时四方儒士,多抱负典籍,云会京师。"当时官学之盛,达到空前的景象,以至于很多外国贵族子弟来国子监求学,"俄而高丽及百济、新罗、高昌、吐蕃等诸国酋长,亦遣子弟请入于国学之内。鼓箧而升讲筵者,八千余人,济济洋洋焉,儒学之盛,古昔未之有也"。

二、李白

李白（701—762年），字太白，号青莲居士，祖籍陇西成纪（今甘肃省秦安县东）。长安元年（701年），李白出生于碎叶城（今吉尔吉斯斯坦北部托克马克西南）。他自幼天赋过人，才华横溢，5岁时开始正式读书，15岁时就已经小有名气。

李白没有参加过唐代科举，原因不在于李白淡薄功名，而是受其出身限制，没有资格参加。原因可能有两点：

第一，李白是流放人犯的后代，他父亲携他逃回四川，因此他是唐朝的"黑户"。李白后来相认的从叔——宣州当涂县令李阳冰在《草堂集序》中写道："李白，字太白，陇西成纪人，凉武昭王暠九世孙。蝉联圭组，世为显著。中叶非罪，谪居条支，易姓为名，然自穷蝉至舜，七世为庶，累世不大曜，亦可叹焉。神龙之始，逃归于蜀。"宣、歙、池等州观察使范传正为李白所作的墓志铭《唐左拾遗翰林学士李公新墓碑并序》也有几乎一样的记载。李白的先祖被流放到中亚，他父亲李客，于神龙初年携带他逃回蜀地。李白的父亲是否真叫"李客"依旧存疑。无论是"逃归于蜀"还是"潜还广汉"，李白和他父亲回归大唐，都是通过非正规途径，其身份与户籍不明，因此不能参加科举。

第二，李白的父亲可能是商人。按照唐代法律，商人的子女不能参加科举。《唐六典》记载唐代法规云："凡官人身及同居大功已上亲，自执工商，家专其业，皆不得入仕。"《旧唐书》卷四三《职官志》载："工商之家，不得预于士。"

虽然李白不能参加科举，但他却有一颗做官的心。开元十三年（725年），李白离开蜀地，开始"仗剑去国，辞亲远游"的生活。他的目的很明确，就是通过结交权贵或具有潜力的才学之士来获得做官的可能。开元十五年（727年），李白成亲，他的第一任妻子是安陆许氏。许氏出身名门望族，其祖父许圉师曾经做过高宗朝的左丞相。许圉师的父亲许绍是唐高祖的同窗，大唐建国后被封为安陆郡公。虽然后来许圉师因为小儿子打猎时杀了人遭到贬谪，但是百年之间，许家一直是簪缨满门，甚是兴旺。

开元十七年（729年），李白第一次来到长安。此次入长安他拜谒了开元前期的一代文宗、时任左丞相的张说，并结交了张说次子张垍。李白被安排寓居在终南山玉真公主别馆，颇受冷遇。他的《玉真公主别馆苦雨赠卫尉张卿二首》云："独酌聊自勉，谁贵经纶才。"李白曾拜谒其他王公贵族，但都没有得到结果。仕进无门的李白，对自己的怀才不遇非常痛心。这段时间李白的诗多以不遇悲情为主。《感遇四首》其二云："可叹东篱菊，茎疏叶且微。虽言异兰蕙，亦自有芳菲。未泛盈樽酒，徒沾清露辉。当荣君不采，飘落欲何依。"玉真公主是唐睿宗第十女、玄宗的妹妹，唐睿宗太极元年（712年）出家为道士。唐代魏颢的《李翰林集序》云："（李）白久居峨眉，与丹丘因持盈法师达，白亦因之入翰林。"丹丘，又称"元丹丘""丹丘子""丹丘生"，是唐玄宗时期的道士，与李白私交甚好，而且李白的道教思想受元丹丘影响较大。持盈法师就是玉真公主。李白就是通过元丹丘引荐，才结识了玉真公主。

开元十九年（731年）的春天，李白离开坊州返回长安，仍寓居在终南山。此时的李白逐渐花光积蓄，曾与长安市井少年浪游，并与长安恶少发生冲突，却寡不敌众，幸被友人陆调所救。李白的侠情，也逐渐显露，《侠客行》就创作于此时。"赵客缦胡缨，吴钩霜雪明。银鞍照白马，飒沓如流星。十步杀一人，千里不留行。事了拂衣去，深藏身与名。……纵死侠骨香，不惭世上英。谁能书阁下，白首太玄经。"怀才不遇的李白，常常买醉，《少年行》也撰于此时。"五陵年少金市东，银鞍白马度春风。落花踏尽游何处，笑入胡姬酒肆中。"李白此时的苦闷，还体现在名篇《蜀道难》中，此诗因送友人入蜀而触发，借蜀道之艰难，比喻仕途的坎坷，借以抒发胸中的愤懑。

天宝元年（742年），李白再次来到长安，遇到了他的知己贺知章。贺知章颇为欣赏李白，夸他的诗"可以泣鬼神"，并呼李白为"谪仙人"，又推荐于朝廷。此次李白终于时来运转，上诏"前资官及白身人有儒学博通、文辞秀逸及军谋武艺者，所在具以名荐"。除贺知章推荐外，李白还得到玉真公主的举荐。李白将修改定稿《大猎赋》进献给玄宗，唐玄宗在金銮殿召见李白，礼遇有加，任命为待诏翰林。十月，唐玄宗幸温泉宫，下诏命李白侍从。此时李白写了《侍从游宿温泉宫作》《温泉侍从归逢故人》《驾去温泉宫后赠杨山人》等诗。最后一首云："少年落魄楚汉间，风尘萧瑟多苦颜。自言管葛竟谁许，长吁莫错还闭关。一朝君王垂拂拭，剖心输丹雪胸臆。忽蒙白日回景光，直上青云生羽翼。幸陪鸾辇出鸿都，身骑飞龙天马驹。王公大人借颜色，金璋紫绶来相趋。当时结交何纷纷，片言道合惟有君。待吾尽节报明主，然后相携卧白云。"整个气象已经大有不同，一腔报答君主的热血跃然纸上。

天宝二年（743年），李白对御用文人的生活日渐厌倦，于是仍浪迹纵酒，常与贺知章等人为"酒中八仙"之游。他曾奉诏草制诏书，又在醉中引足令高力士脱靴。虽此事很可能是传说而非事实，但李白的放荡不羁确实引起了一些朝官的不满，开始遭到诋毁，玄宗也渐渐疏远了他。据传说李白因创作《清平调词三首》得罪了杨贵妃。其一是："一枝红艳露凝香，云雨巫山枉断肠。借问汉宫谁得似，可怜飞燕倚新妆。"唐代以丰腴为美，又有"环肥燕瘦"之说，故而有传说是高力士告诉杨贵妃李白的诗是在讽刺她胖，而且是红颜祸水。当然这也不足为信，也可能是后人的诬陷。

天宝三载（744年），李白自知不为朝廷亲近大臣所容，于三月上书请求"还山"。唐玄宗也认为他"非廊庙器"，便赐金遣之。李白挥泪出长安，临行赋诗："秦水别陇首，幽咽多悲声。胡马顾朔雪，躞蹀长嘶鸣。感物动我心，缅然含归情。昔视秋蛾飞，今见春蚕生。……"表达了一种羁旅在外，归期遥遥的凄怆之情。

李白于天宝元年入京，天宝三载赐金还山，接续计算，前后跨有3年时间。这对李白来说，不论在当时或事后，都是人生最得意最难以忘怀之事。如《赠从弟南平太守之遥二首》所写："翰林秉笔回英眄，麟阁峥嵘谁可见。承恩初入银台门，著书独在金銮殿。"又如

《驾去温泉宫后赠杨山人》:"一朝君王垂拂拭,剖心输丹雪胸臆。"以及《单父东楼秋夜送族弟沈之秦》中说:"长安宫阙九天上,此地曾经为近臣。"已成为天子身边人的李白,其身份自然超越常人,多年的郁积也就抒发得淋漓尽致。

虽为家国愁绪万千,幸运的是,李白遇到了最后一任妻子——宗楚客的孙女。宗楚客为武后从姊之子,曾三次拜相,所谓"妾家三作相,失势去西秦。犹有旧歌管,凄清闻四邻"。李白和宗氏感情和睦,同样都是道家信徒,可谓志同道合,事实证明,二人之后也曾相伴偕老。

正当李白在江南一带逗留时,唐代社会长期积累的矛盾终于爆发了。天宝十四载(755年)安禄山叛乱,玄宗避难蜀中,永王李璘统管东南地区。李白当时隐居于庐山,被李璘招为军中幕僚。他本以奇士自居,以为实施抱负的时机到了,于是一路随永王东下,"诗因鼓吹发,酒为剑歌雄",足见其意气风发、踌躇满志之态。李白到达金陵后,又作《永王东巡歌》11首,抒发他的抱负和欣喜之情。李白以古喻今,借晋朝之事作《赠张相镐二首》,可看出他的抱负与永王割据江东的企图是完全一致的。后来李璘起兵造反,高适等人的军队尚未合围,李璘的军队已经崩溃,李白从丹阳潜逃到彭泽。在《上留田》中他抒发了对肃宗的反感与对永王的同情。

永王兵败后,李白终遭拘系,被谪迁夜郎。李白陷于狱中时,多方求援,曾作《系寻阳上崔相涣三首》《上崔相百忧章》吐露其极为愤懑的心情。他呼天抢地,申述他的痛苦,希望崔涣等人能"屈法申恩,弃瑕取材。冶长非罪,尼父无猜"。杜甫在《不见》诗中说:"世人皆欲杀,吾意独怜才。"可见当时舆论之一斑。李白于浔阳启程赴夜郎时,宗夫人与弟宗璟前来送行。李白作《窜夜郎于乌江留别宗十六璟》诗,中间还对宗氏的家世念念不忘,对宗楚客及宗晋客等人大加粉饰。如今落得以垂暮之年生离死别,李白满怀哀情,一路上都在思念着夫人宗氏,作有《放后遇恩不沾》《南流夜郎寄内》等诗。随后,幸有崔涣、宋若思等人出手援助,才免于一死。接到赦令的李白,挥毫纵笔,写下了《早发白帝城》这一千古名篇。获释后宋若思邀请李白加入幕府,还屡预宴饮,此时的李白仍然保持着昂扬的气概,对天下大势的分析显得迂拙而不切实际。

李白自翰林放还,虽对遭到谗毁感到不平,但对玄宗一直怀有知遇之恩。这时他听到了收复两京的喜讯,并得悉玄宗也回到了长安,于是在《流夜郎半道承恩放还兼欣克复之美书怀示息秀才》中表达了亦喜亦悲的情绪。此时李白虽已年59岁,但对政治的野心不减。《自汉阳病酒归寄王明府》表明他又雄心勃勃,试图凭借文才小试锋芒。

李白遇赦东下，到达岳州时，遇到了曾任中书舍人的贾至。至德中，郭子仪同九节度使的军队在相州与史思明决战，受到监军宦官鱼朝恩的牵制，全军溃败，贾至时任汝州刺史，弃城而逃，被贬为岳州司马。同病相怜的二人在此相遇，唱和酬答，留下了数篇佳作：贾至的《初至巴陵与李十二白裴九同泛洞庭湖三首》、李白的《陪族叔刑部侍郎晔及中书贾舍人至游洞庭五首》，二人都对长安的岁月极为留恋。李白诗中多次引用桓谭《新论》中语，"人闻长安乐，出门向西笑"。

这时的李白，翘首北望，怕是已难再有笑容，只能徒唤奈何。贾至南迁之后，情绪低沉，李白还作《巴陵赠贾舍人》，以贾谊之事开导他，以为遭遇之酷未过贾谊，日后自有出头之日，因而不必如此怨嗟。流寓江南时，李白曾想参加李光弼的军队，又因病半途而还。《闻李太尉大举秦兵百万出征东南懦夫请缨冀申一割之用半道病还留别金陵崔侍御十九韵》是李白作出的最后一次努力。

其时李白已日暮途穷，只得投靠族叔李阳冰，无奈病情转亟，不久便去世了，好在他已将诗文草稿交付李阳冰，嘱其代为整理。后来李阳冰将其诗文编为《草堂集》。

三、杜甫

杜甫（712—770年），字子美，原籍湖北襄阳，生于河南巩县，祖籍原是京兆（长安）杜陵。公元712年，杜甫出生。这年有太极、延和、先天三个年号，前两个是唐睿宗的，后一个是唐玄宗的。杜甫的命运从他出生开始就与玄宗朝以及开元盛世捆绑在一起。他是幸福的，在盛世中成长；他也是不幸的，亲身经历了盛极而衰与山河破碎。

《新唐书·杜甫传》载有杜甫自述："先臣恕、预以来，承儒守官十一世，迨审言，以文章显中宗时。臣赖绪业，自七岁属辞。"杜甫自认为是东汉末年杜恕之后，属于中古时期贵族之一京兆杜氏的后裔。他的祖父是杜审言，是唐中宗时期著名的才学之士。他的父亲杜闲，只做到奉天县令、兖州司马，没有什么大的名气。

但杜甫家学良好,诗才早熟,7岁即能作诗咏凤凰。除了读书、写字之外,少年杜甫还有机会接受音乐、舞蹈、绘画等各种艺术的熏陶。开元五年(717年)6岁的杜甫在郾城(今河南郾城)观看了著名的舞蹈家公孙大娘的《剑器浑脱》舞,50年后,诗人作《观公孙大娘弟子舞剑器行》一诗,生动、细致地回忆了公孙大娘的舞姿。14岁的杜甫还曾在洛阳岐王李范及殿中监崔涤的宅内多次听到李龟年的歌唱。

开元十八年(730年),19岁的杜甫像李白一样,也开始巡游和结交。他先到了山西,次年开始漫游吴越。直至开元二十三年(735年),24岁的杜甫从吴越返回东都洛阳,参加乡贡。次年,参加进士考试,不第,然后继续漫游齐赵。开元二十九年(741年),30岁的杜甫又回到洛阳。这年杜甫与司农少卿杨怡之女成亲。天宝三载(744年)四月,33岁的杜甫在洛阳遇到了"赐金放还"的李白。当时44岁的李白已经成为文化名人,对于没有任何当官经历的杜甫而言,李白显然是杜甫的偶像。李白和杜甫的巡游,绝对不是漫无目的的游玩,而是重在结交。他们结交的资本是自己的诗文。只有诗文得到对方的认可,才能获得推荐,才有考中进士或做官的可能。巡游的基础是有钱,所以开天盛世时期的杜甫还是有钱的。

天宝五载(746年),35岁的杜甫来到了长安。此时的杜甫自信满满，尚存豪气，他"放荡齐赵间，裘马颇清狂"，"快意八九年，西归到咸阳"。到长安后，他不仅与岑参、郑虔等结交，还与唐玄宗临晋公主的驸马郑潜曜一起游玩。他有诗《郑驸马宅宴洞中》，题注云："明皇临晋公主下嫁郑潜曜，神木原有莲花洞，乃郑氏故居。"之后还为临晋公主的母亲皇甫淑妃撰《唐故德仪赠淑妃皇甫氏神道碑》。杜甫开始结交权贵。天宝六七载，杜甫还为武卫将军作挽歌——《故武卫将军挽词三首》。天宝八载（749年），因安西副都护高仙芝入朝，杜甫写《高都护骢马行》，赞其马、颂其功："安西都护胡青骢，声价欻然来向东。此马临阵久无敌，与人一心成大功。……长安壮儿不敢骑，走过掣电倾城知。青丝络头为君老，何由却出横门道。"

杜甫祖籍是京兆杜陵。杜陵在长安城东南，因汉宣帝在此筑陵，故名杜陵。在杜陵东南10余里有小陵，称少陵，因此杜甫自号"少陵野老"。

但很不幸，《新唐书·杜甫传》用3个字评价他在长安的境遇，即"困长安"。天宝六载（747年），唐玄宗下诏："天下凡通一艺以上者，皆赴京师就选。"杜甫参加考试。当时的宰相是李林甫，这场考试"布衣之士，无有第者"。李林甫上贺表说"野无遗贤"。天宝九载（750年），39岁的杜甫作《奉赠韦左丞丈二十二韵》道出了在长安的窘迫情状，倾吐了他心中的愤懑和辛酸。后人熟知的"读书破万卷，下笔如有神"便出自此诗。

天宝十载（751年），40岁的杜甫时来运转。这年正月唐玄宗举行"三大礼"。《新唐书·玄宗纪》载："(天宝)十载正月壬辰，朝献于太清宫。癸巳，朝享于太庙。甲午，有事于南郊，大赦。"祭祀太清宫、太庙、南郊，是唐玄宗发明的祭祀序列，属于国家最高规格的祭祀活动。杜甫因预献了《朝献太清宫赋》《朝享太庙赋》《有事于南郊赋》，即所谓"三大礼赋"，他的文章引起唐玄宗的重视，玄宗命待制集贤院，由宰相试文章，然后"送隶有司，参列选序"。《新唐书·杜甫传》记载："使待制集贤院，命宰相试文章。"但后来却没有了下文，杜甫还是没有做官。

40岁的杜甫，已经被生活消磨了斗志与气节。《新唐书》中载其自述："且四十年。然衣不盖体，常寄食于人。窃恐转死沟壑，伏惟天子哀怜之。若令执先臣故事，拔泥涂之久辱。则臣之述作，虽不足鼓吹六经，至沈郁顿挫，随时敏给，扬雄、枚皋，可企及也。有臣如此，陛下其忍弃之。"可能他的消极，非常不得皇帝喜欢。

此时困居长安、年过四十仍失意的杜甫，开始撰写一些较为悲观但却有价值的诗。《兵车行》大约也作于他40岁的时候，此诗并不专指哪一次边衅战争，而是泛指天宝年间唐王朝的穷兵黩武政策及其给人民带来的巨大灾难。诗人对这种穷兵黩武的政策进行了严厉的抨击，对被驱往死地的善良人民和他们的父母妻儿以及战争中的冤魂表示深切的同情。"车辚辚，马萧萧，行人弓箭各在腰。耶娘妻子走相送，尘埃不见咸阳桥。"

天宝十一载（752年）一个秋日，杜甫、高适、岑参、薛据、储光羲等5人一起登上了长安城东南的慈恩寺塔，杜甫作《同诸公登慈恩寺塔》："高标跨苍天，烈风无时休。自非旷士怀，登兹翻百忧。方知象教力，足可追冥搜。仰穿龙蛇窟，始出枝撑幽。"

《丽人行》作于次年，它是讥刺杨氏兄妹的。全诗表达了杜甫对恃宠弄权、骄奢淫逸的外戚贵族的极度憎恶和轻蔑。天宝十三载（754年）秋，杜甫陷于极度的困苦之中，他"卧病长安旅次，多雨生鱼，青苔及榻"。但他在诗歌中除了倾吐自己的苦闷之外，还为广大人民的痛苦而焦虑，例如《九日寄岑参》《秋雨叹三首》等。这年冬天，杜甫又作《封西岳赋》，投"延恩柜"，依旧无果。这时杜甫已在长安住了8个年头，已沦落到与贫民为伍去购买减价官米的地步，现实让他激愤地说出了"儒术于我何有哉"的诡激之语。然而直到天宝十四载（755年）秋，他仍旧是一介布衣。

如果没有安史之乱，杜甫虽然过得不如意，但起码天下太平，还有人接济他，不至于贫困无依。但很不幸，安禄山叛变了，渔阳鼙鼓动地来，洛阳失陷、潼关不守、长安陷落，杜甫也开始丧家犬般的流亡生活。他起初避乱奔走于泾、渭等三江流域。至德元载（756年）二月，杜甫告别了留在奉先县的家人，独自返回长安，就右卫率府兵曹参军职。四五月，杜甫为避乱携家至白水（今陕西白水）依舅氏崔顼，"三叹酒食旁，何由似平昔？"六月，潼关失守，白水告急，复携家逃难，经三川（今陕西洛川）而至鄜州（今陕西富县）的羌村。一路上历尽艰险，九死一生。八月，唐肃宗即位后，杜甫疲困衰弱想要从鄜州投奔皇帝临时的驻地灵武，中途被寇贼捉住，送至长安，于九月作《哀王孙》。十月因两次战役均惨败，杜甫沉痛地写下《悲陈陶》《悲青坂》。次年春，杜甫偷偷地来到曲江池畔，看到宫殿萧条而春色依旧，触景伤情，抚今思昔，作《哀江头》，以此抒怀。四月，冒着"死去凭谁报"的危险逃往凤翔拜谒唐肃宗，五月被授右拾遗的官职。

杜甫终于做到了大官，但命运总是无情。乾元二年（759年）七月，因关中饥馑，杜甫不得不弃官携家逃往秦州（今甘肃天水），复经同谷（今甘肃成县）而往成都。杜甫虽已远离兵连祸结的中原，但他仍然亲身经历了上元二年（761年）的段子璋之乱、宝应元年（762年）的徐知道之乱、永泰元年（765年）的崔旰之乱、大历五年（770年）的臧玠之乱等地方性战乱。代宗宝应元年（762年)，杜甫因避徐知道乱赴梓州（今四川三台），途中作诗："安得更似开元中，道路即今多拥隔！"大历元年（766年），杜甫困居夔州（今四川奉节），叹息说："历历开元事，分明在眼前。"次年复叹息说："武德开元际，苍生岂重攀？"杜甫亲身经历了开元盛世，对当时的太平景象留下了深刻的印象，所以在流离失所或目睹人民的痛苦生活时，总是情不自禁地追忆那已经消逝了的开元盛世。

对于杜甫的求仕来说，10年长安的结局是悲惨的：他只得到了一个从八品下的微职；对于杜甫的诗歌创作来说，10年长安的结果是辉煌的：他写出了《自京赴奉先县咏怀五百字》等不朽诗篇。

四、白居易

白居易（772—846年），字乐天，号香山居士，又号醉吟先生，籍贯下邽（今陕西渭南），于唐代宗大历七年（772年）出生于新郑西东郭里。是年，杜甫去世2年，韩愈5岁，刘禹锡生。白居易自幼聪明好学，六七月时虽不能言语，却能默识文字，五六岁开始学诗，9岁谙识声韵，10岁解读书。唐德宗建中三年（783年），12岁，因避难全家迁往符离寄居，次年再避难越中。贞元二年（786年），白居易15岁，仍住江南，才知有进士，于是苦节读书，能属文，先后旅居苏州和杭州。贞元三年（787年），16岁，写了著名的五律《赋得古原草送别》："离离原上草，一岁一枯荣。野火烧不尽，春风吹又生。远芳侵古道，晴翠接荒城。又送王孙去，萋萋满别情。"

贞元十年（794年）五月二十八日，父季庚卒于襄阳，年六十六，23岁的白居易草草料理毕丧事，回到符离，守3年之丧，丁忧期间，闭门用功读书。贞元十四年（798年），移家到洛阳。次年，28岁的白居易在宣州应乡试，为宣歙观察使崔衍所贡，往长安应进士试。年底，白居易第一次来到长安。贞元十六年（800年），29岁，作《长安早春旅怀》："轩车歌吹喧都邑，中有一人向隅立。夜深明月卷帘愁，日暮青山望乡泣。风吹新绿草芽坼，雨洒轻黄柳条湿。此生知负少年春，不展愁眉欲三十。"夜深人静的长安城，白居易没有亲友，流下思乡的眼泪。他更忧愁的是，即将30岁的自己能否中第。白居易是幸运的，第一次参加科举就高中。在中书侍郎高郢主试下，试《性习相近远赋》、《玉水记方流诗》、策五道，以第四名及第，"十七人中最少年"。但是，在唐代中了进士，只是具备了做官的资格，并不是直接任官，还需要吏部的选拔。他只好再次回到了洛阳。因心系体弱多病的母亲，他急于东归。回到符离时，正值徐州军乱，面对满目战乱景象，感慨万千，写下了《乱后过流沟寺》，以古寺白云的静穆意境，反衬战后原野的凄厉肃杀，使人顿生满目疮痍、生灵涂炭的黍离之思，这标志着白居易的笔触开始从嗟咏自身哀乐向关注社会现实和民间疾苦转变。

贞元十八年（802年），31岁白居易再次来到长安，参加吏部主持的科目选，判拔萃科，及第。这次白居易参加的是制举，考上后可以直接授官。与常举不同，制举是进一步对人才进行选拔，中举者往往仕途光明。他与元稹、李复礼、吕颖、哥舒恒、崔玄亮同登第，授予秘书省校书郎的官职，此次进京，结识了许多朋友，如元稹。

贞元十九年（803年），白居易被授秘书省校书郎（正九品上），从此开始他的京官生涯。之后搬家到长安，住在永崇里华阳观。白居易也是"京漂"，当时在长安买房子很不容易，早年他多是租房而居。唐宪宗元和元年（806年），35岁的白居易再次参加制举，应才识兼茂明于体用科，策入四等，这就是他一生所骄傲的"三登科第"，之后授盩厔县尉（正九品下），此时白居易撰写了名篇《长恨歌》。

元和二年（807年），36岁，调充京兆府进士试官，之后为集贤校理；十一月五日，授翰林学士。元和三年（808年），37岁，授左拾遗（从八品上），依前充翰林学士，搬家到新昌里。白居易在政治和文学上最为辉煌的时期，正是他担任翰林学士和左拾遗的时期。唐宪宗在元和前期对他是赏识和信任的，同时新兴进士集团领袖裴垍正在相位，使得白居易前期激进的民本主义思想在实践中得到深化，并焕发出高涨的政治热情。白居易，继承和发扬我国古典诗歌的现实主义传统，与元稹、李绅等倡导了新乐府运动，创作了以《新乐府》《秦中吟》为代表的大量政治讽谕诗。

元和五年（810年），39岁，任京兆府户曹参军（正七品下），之后搬家到宣平里。元和六年（811年），40岁，母亲陈氏卒，回下邽义津乡金氏村为母丁忧。因不堪承受丧母的哀伤、料理丧事的劳累，不久白居易就病倒了，祸不单行，他的爱女金銮子也夭折了。

元和九年（814年），43岁，八月拜太子左赞善大夫（正五品上）。次年，白居易上疏请逮捕刺杀宰相武元衡之贼。宰相张弘靖和韦贯之因为白居易不是谏官而先于谏官言事，厌恶他僭越职权。之后有人诬陷白居易的母亲是因看花坠井而死，他却作《赏花》《新井》诗，有伤名教。八月，乃奏贬刺史。中书舍人王涯认为他不应该治理一郡，改贬为江州司马。从此，白居易离开了长安。

元和十年（815年），在赴江州（今江西九江市）的漫漫旅途中，他将怨愤难抑的谪迁意识写进了沿途所作如《蓝桥驿见元九书》《韩公堆寄元九》等诗作中。白居易俟罪浔阳的3年谪居生活，并不是安闲自得、心宁身泰的，他的思想大致表现为怨愤难抑的谪迁意识，栖心释老、佯狂诗酒的生活和视官场为险路迷途、宦情日益淡薄的态度。

元和十三年（818年）十二月白居易诏除忠州刺

史，而忠州（今四川忠县）虽离长安较近，但在当时是一个贫瘠落后的蛮荒之地，地理及人文环境均比江州恶劣，因贬谪江州后他的"吏隐"观念已经形成，所以此次移忠州后，意志更加消沉，对仕途仍然持消极态度，而这种情绪充分表现在这一时期大量的伤感诗与闲适诗中，如《题岳阳楼》、《入峡次巴东》、《感春》和《不二门》等等。元和十五年（820年）夏，白居易除尚书刑部司门员外郎，结束了6年的谪迁生活，再次回到了长安，居新昌里宅，哀怨绝伦的《恻恻吟》可以看作他对6年谪迁生活在感情上的收尾。十二月二十八日，转主客郎中（从五品上）、知制诰，加朝散大夫（从五品上），始着绯服。

长庆二年（822年），51岁的白居易主动罢去官职，请求出守杭州。而使其萌生想法并做出离开长安决定的原因，是他经历了几件以复杂的人际关系和朋党之争为背景的事件。这些事情促使本已宦情黯淡的他，毅然做出了寻求外任、离开长安的决定。这次赴杭州，与元和十年贬赴江州路线一样，但心情却大不相同，有一种获得解脱的愉悦与轻松。出刺杭州的3年，是白居易心情较平静的3年，但此时他的人生态度是"独善"，所以其思想的基调是消极的，宦情是淡薄的，如《诗解》《晚岁》等。长庆四年（824年），诏除太子左庶子，前往洛阳。这次赴洛阳初步实现了他打算"吏隐"

的夙愿。所以，他此时的心境是闲适而略为颓放，如《洛下寓居》："秋馆清凉日，书因解闷看。夜窗幽独处，琴不为人弹。"

宝历元年（825年），54岁的白居易出任苏州刺史，这次赴任，他不仅因美景感到满足和兴奋，而且消沉已久的宦情也有了明显的反弹，体现在《登阊门闲望》《霓裳羽衣歌》等诗中。宝历二年（826年），白居易55岁，因骑马出游伤了腰和脚，再加上嗜酒伤肺，眼力不如从前，再次主动退官。大和三年（829年），分司洛阳，开始了17年漫长而寂寞的晚年生活。大和五年（831年），不满3岁的爱子病逝，老年丧子的悲痛全表现在《哭崔儿》中。同年，他的第一知己元稹暴卒，这是他留下较多哀痛和感伤的一年，因此萌生了及早脱身的想法。会昌元年（841年），发生了震惊朝野的恶性政治事件"甘露之变"。之后，宦官势力愈发专横跋扈，加上牛李党争，牛党悉遭斥逐，且他年老身体不如从前，更加坚定了脱身朝廷的想法。白居易于会昌元年（842年）以刑部尚书致仕，到会昌六年（846年）八月逝世，在洛阳度过了他的最后岁月。

第六章 权术与爱情
——唐长安城内的大唐巾帼

盛世大唐,荣耀万邦,不仅英雄豪杰层出不穷,文人骚客自有风华,更少不了盛世红妆权衡天下,绝美娇娥起舞清影。在这巍巍长安城中,太液芙蓉未央柳下,权术与爱情将谁与共?又引得何人求不得?

一、一代女皇武则天

中国历史上唯一存在的正统的女皇帝,她建立了武周王朝,也是即位年龄最大、寿命最长的皇帝之一。她重用人才、爱护人才的政策得到司马光等史学家的高度赞扬;创立武举,大开科举门路,为盛世唐朝奠基。她前后执政近半个世纪,四海慕化,九夷禀朔,政启开元,治宏贞观,史称"贞观遗风"。

武则天是唐朝开国功臣武士彟和隋朝贵族杨氏的次女,从小受到父母宠爱,因容貌美丽、举止优雅被召入宫。临行前,寡居的杨氏甚是不舍,本为皇室贵族的她自然明白宫廷险恶,不由得泣涕涟涟,年值14岁的武则天反而安慰母亲说:"去皇宫是侍奉圣明君主,不一定是祸事,母亲何苦这般小家子气,哭哭啼啼呢?"

武则天虽然容貌姣好,但在争奇斗艳的后宫算不得绝色，从入宫被唐太宗封为才人，12年间未曾得到晋升。在太宗驾崩之后，因为没有子嗣，被发配至感业寺出家。但是她的宫廷生活并没有因此画上句号。

原来，在唐太宗病重之际，太子李治和才人武则天一同照顾太宗时，日久生情，萌生爱意。继位后的唐高宗对这位才人念念不忘，聪慧的王皇后猜中圣上心意，主动建议高宗秘密接武则天入宫。其实王皇后的本意并不单纯，武则天只是她用来打击倍受宠爱的萧淑妃的一枚棋子。再次回归皇宫的武则天倍加珍惜机会，思想也更加成熟，在后宫斗争中，成功集万般宠爱于一身，实现了"废王立武"，荣登后位。

武则天称后并非一帆风顺。据传在后宫，她杀死亲生女儿，嫁祸给王皇后，才终于让唐高宗起了废后的念头。将王皇后、萧淑妃送入冷宫后，武则天又倍加残害，剔其手足，令二人"骨醉"。如此狠毒手段留下的心理阴影也是巨大的，武则天因此不能长期待在长安。在朝中，以长孙无忌、褚遂良为首的顾命大臣极力反对立武则天为后，唐高宗和武则天只得扶植新兴力量来打击关陇贵族。中书舍人李义府第一个支持"废王立武"，并得到赞赏。许敬宗、崔义玄、袁公瑜等大臣见状，纷纷效仿。开国元老李勣也支持说："立皇后是圣上的家事，何必问他人？"自此，唐高宗正式下诏"废王立武"，打击并贬谪了长孙无忌、褚遂良一派的势力。

身居后位的武则天，时常参与处理朝政，颇有见解，深得唐高宗信任，并曾作为"亚献"祭祀泰山。然而经过一段时间的观察，并非平庸无能之辈的唐高宗亦对武则天的行为不能完全认同，甚至一度产生废后念头。乾封二年（667年），唐高宗因久病不愈，命太子李弘监国，实权则在武则天手中。上元元年（674年），唐高宗称天皇，武则天称天后。第二年，高宗病重，欲让武则天处理朝政，立即遭到反对。武则天得知消息，明白时机还未成熟。为加强自身力量，削弱相权，武则天召集才华极高之士组成"北门学士"，参决朝廷奏议。

久病不愈的唐高宗于永淳二年（683年）驾崩，太子李显即位，是为唐中宗，实权则在皇太后武则天手中。谁知不堪屈辱的唐中宗操之过急，"让天下给韦玄贞"的气话传到武则天耳中，由此被贬为庐陵王。唐高宗和武则天的第四子李旦继位，是为唐睿宗，武则天则临朝称制，大权在握。这一时期，全国各地起兵不断，李氏宗亲亦加入其中，武则天凭借敏锐的军事才能，轻松平定叛乱。

垂拱二年（686年），武则天下令在洛阳宫城前放置铜匦，大力提倡揭发告密行为，规定及时为告密者提供驿马和五品官员待遇的饮食。告密属实，大加封赏；即使告密不属实，也不计较。这就使得言路大开，告密之风日兴。随之崛起的还有索元礼、周兴、来俊臣、侯思止等一批酷吏,被告者一旦入狱,酷刑滥刑接踵而至,造成社会恐慌,李唐宗室也被极大打压。

为了制造舆论声势,武则天利用谶纬祥瑞制造"受命于天"的假象。她命人费时一年多,建成高294尺、阔300尺的明堂,明堂顶部铸有铁凤凰,饰以黄金,并赐名"万象神宫"。武则天侄儿武承嗣亦提前将一块白石沉入洛水,假托无意打捞所得,上书有"圣母临人,永昌帝业"8个大字,武则天甚是欢喜,为其命名"宝图"并于其后加尊号为"圣母神皇"。各方条件均已成熟,天授元年(690年),武则天自立为帝,定都洛阳,建立武周王朝。中国历史上唯一的女皇帝诞生。

登基后的武则天为稳定朝政民心,对佛教加以利用。天授二年(691年),法明等撰《大云经》四卷,假借吉祥天女暗指武则天登基是顺应天意。武则天特下令颁行天下,并将佛教的地位提高到道教之上。更有甚者,侍御史傅游艺上表,请赐姓武。天下响应者6万余人,武则天大喜,并赐睿宗李旦武氏。大封武氏宗亲。

作为女皇,传位给谁一直是武则天的心头病。皇位的继承人必定要与自己同姓,看起来两个侄儿武承嗣和武三思应是最佳人选;可是儿子也是亲生骨肉,血缘上与自己更亲近。正在武则天犹豫不决之时,宰相狄仁杰一番话让她醍醐灌顶:"侄子会把姑姑供奉在太庙吗？"自此，她断了立侄子的念头，之后召回庐陵王李显任皇太子。

随着年岁已高，武则天对权力的贪念也慢慢退化，安于享乐，宠爱张易之、张昌宗两兄弟，使"二张"得以干政。神龙元年（705年）正月，宰相张柬之、崔玄暐等结合禁军统领李多祚，发动政变，杀死"二张"，逼迫武则天让位给太子李显。此后，武则天退出朝政，移居上阳宫，同年十一月病逝并特书遗诏：改皇帝为皇后，称"则天大圣皇后"，并赦免王皇后、萧淑妃等族亲属。神龙二年（706年）五月，武则天与唐高宗合葬在乾陵。

武则天在位期间，任用贤才，开创武举，广开言路，平定西域，复兴文化，为开元盛世打下坚实的基础。她的许多行为有残忍不良的一面，但将其打上"红颜祸水"的标志而加以口诛笔伐也是不客观的。或许正如"无字碑"一样，女皇对于自身功过也是知晓，故不书字，留待后人评说。

二、上官婉儿的谜团

"自言才艺是天真,不服丈夫胜妇人。"相传上官婉儿出生之前,一日母亲郑氏忽梦巨人,给其一杆秤,并说道:"持此称量天下士。"郑氏甚喜,心想腹中必是一男孩,将来有称量天下人才之能。谁知一朝分娩,却是一个女儿家,郑氏略感失望。上官府因为上官仪一纸废后诏书招来大祸,上官婉儿的父亲被杀,郑氏携婉儿凭借一技之长被发配到掖庭为奴。

郑氏出身名门,即使为奴,也未曾放松对女儿上官婉儿的教导,加之婉儿天生聪颖,不仅能熟读诗书,更是明达吏事,颇有一番胆识。仪凤二年(677年),"罪臣"之后却颇具才华的婉儿终于引起武则天的注意,面对考题,她的应答好像事先已经草拟好一样。武后大悦,当即下令免其奴仆身份,封为才人,掌宫中诏命。这一年婉儿年仅14岁,也是其"称量天下"之始。

天授元年(690年),武则天即位称帝,改国号为周。此后,她对上官婉儿更是委以重任,诏令多出其手,时称"内舍人"。武则天之所以重用上官婉儿,一是上官婉儿明达吏事,二是上官这个姓氏也可为武则天带来知人善用、不计前嫌的美名。祸福一瞬间,伴君如伴虎。聪慧的婉儿也曾忤逆圣意招致死刑,武则天念其往日功劳及文采,特赦处以黥面,经后世美化反而成了女子争先效仿的"红梅妆"。此事之后,上官婉儿更加精心侍候,曲意迎合,深得圣意。传闻百官奏表都是上官婉儿看过批注意见后,才转交给武则天,可见其权势日盛。

上官婉儿政治生涯的初次转变跟武则天密切相关。神龙政变之后,武则天被迫退位,"心腹"上官婉儿不仅没有被牵连,反而得到了唐中宗的重用。原来,天生聪慧的上官婉儿常年跟随武则天,经历了一次次的宫廷政变,其胆识和见解已发生重大改变。面对武则天日益衰老,李家势力再次崛起,上官婉儿很可能已经为自身做好了打算,或许神龙政变的顺利展开也有其一份功劳。所以在唐中宗继位后,上官婉儿不仅没被惩处,还升为昭容,其母郑氏被封为沛国夫人,可谓更进一步。

所谓"称量天下"的野心,是不会满足于昭容之称的。上官婉儿继而与韦皇后频繁往来,屡次劝说韦皇后效仿武则天做一代女皇。加之早期的不幸经历和性情使然，韦皇后对权力倍感向往。除此之外，上官婉儿还向韦皇后力荐武则天最得意的侄儿武三思，不仅使武三思摆脱了被诛杀的危险，还使武三思得到了唐中宗的重用，甚至与其商议政事。在韦皇后和安乐公主的支持下，武三思相继贬杀了张柬之、桓彦范、敬晖、袁恕己和崔玄暐等，权力极大，不可一世。

上官婉儿此举虽笼络到皇帝皇后，其所出诏令却多有推崇武氏排挤李家之意，招来太子李重俊严重不满。景龙元年（707年）七月，李重俊与左羽林大将军李多祚等，诛杀武三思并诛其党羽10余人；接着又引兵从肃章门而入，意在围捕上官婉儿。上官婉儿急忙逃往唐中宗和韦皇后处，为保其命而扬言说："太子此举，是要在抓捕婉儿之后，再依次捕弑陛下和皇后。"人生起起伏伏的唐中宗偏信上官婉儿之词，勃然大怒，带领韦皇后、安乐公主和上官婉儿登上玄武门避难，命令右羽林军飞骑2000余人，屯太极殿前守卫，太子李重俊兵败被杀。上官婉儿不仅挽回一命，也使得她政治倾向再次发生变化。上官婉儿认为，此时的韦皇后不具备成为下一代女皇的权势，自此渐渐向李唐王室政治集团靠拢。

在唐中宗时期，上官婉儿一人草拟政令，堪比唐太宗时期"十八学士"、武则天的"北门学士"之能。在政治上，她打消了设立女皇的想法，屡次阻止唐中宗立安乐公主为皇太女；文学方面，设立修文馆，网罗天下饱读诗书善作诗词之才，经常代替唐中宗、韦皇后及安乐公主作诗应对，被世人传颂，著有《彩书怨》《游长宁公主流杯池二十五首》等。

然而随着唐中宗的驾崩，上官婉儿的政治倾向又发生变化，投向了势力强盛的太平公主的阵营。两人联合起草诏书，建议立李重茂为皇太子，韦皇后作为皇太后执政，以此平衡各方势力。野心勃勃的韦皇后趁此独掌大权，任用韦氏宗亲，诏书自然遭到宗楚客、韦温反对，并劝韦后效仿武则天。获此消息的李隆基发动唐隆之变，杀死韦皇后及其党羽。惴惴不安的上官婉儿拿着之前跟太平公主一起起草的诏书，来证明自己一直效忠李唐王朝，企图再次幸免于难，却不幸引来杀身之祸，被李隆基亲手斩杀。后来在太平公主帮助下，葬于雍州咸阳县茂道乡洪渎原，复封为昭容，谥号惠文，年仅47岁。

三、韦皇后弑君之谜

武则天是我国历史上唯一的女皇,却不是唯一想当皇帝的女子。武则天的儿媳、唐中宗的皇后——韦皇后便是其中一个。

相传,唐中宗李显为太子时,韦氏因为姿色美艳,被立为太子妃,诞下一儿四女。唐高宗驾崩之后,李显登基,韦氏封后。然而李显还有一位强势的母亲——皇太后武则天,注定夫妻两人不会像普通帝后一样大权在握,随心所欲。

唐中宗虽继位为帝,实则权力被架空,大臣逢事汇报,都找皇太后决断。面对这一局面,唐中宗迫切希望建立自己的权力集团,环顾四周,只有依靠皇后韦氏的力量。一日朝堂之上,唐中宗欲提拔岳父韦玄贞为侍中,遭到裴炎的反对,大怒之下的唐中宗脱口而出:"仅是一小小的侍中,我把天下给了韦玄贞有何不可?"此话一出,即刻传到了皇太后的耳中,早想掌控皇权的武则天借此将唐中宗贬为庐陵王,流放韦玄贞。唐中宗的权力集团不仅未能萌芽,还使得自身开始了14年的流亡生活。

被幽禁的日子里,韦氏对李显不离不弃,一度成为李显的精神支柱。每逢听到来自武则天的消息,李显就精神崩溃,想要一死了结,韦氏多次劝说才使得李显打消念头。而此时的韦氏也受到重创,父母双亡,兄弟客死。夫妻二人经历愈多,感情也愈深,李显曾承诺韦氏:"若有一日得以翻身,定会让你随心所欲,一生无忧。"

圣历元年(698年),年老的武则天将李显召回洛阳。第二年,再次立李显为太子。历经磨难的李显凡事小心翼翼,不料长子和女儿也像当年的自己一样祸从口出,因为私议武则天的私生活被斩杀,失去儿女的李显和韦氏伤心欲绝,却也更加激发了韦氏对权力的欲望。

神龙元年(705年),夫妻二人的夙愿得以实现,张柬之、崔玄暐等人发动兵变,逼迫武则天退位,还政李显,韦氏也重登后位。重新掌权的韦皇后,联想起早期悲惨经历,以及武则天称帝的先例,对权力的欲望膨胀起来。上官婉儿的进谏更是韦皇后的一大助力,先是上表请求皇上下令:百姓要为被父亲休弃的母亲服丧3年;百姓23岁时才算成丁,到59年就可免除劳役。偏爱偏信患难妻子的唐中宗自然答应了。后又经过上官婉儿牵线，重用武则天宠爱的侄儿武三思干涉朝政，两人行为逾矩，却未曾引起唐中宗的怀疑。不仅如此，为扩大韦氏力量，韦皇后和武三思多次陷害敬晖、桓彦范、袁恕己等立场相悖之人，朝政大权落入韦武之手。韦皇后和安乐公主还大肆收受贿赂，卖官鬻爵，人数多达千人。甚至在祭祀大典中，韦皇后身居亚献重位，其地位可见一斑。

太子李重俊非韦皇后亲生，不仅遭到韦皇后及武三思排挤，还受到安乐公主及驸马武崇训的不敬，加之上官婉儿常在诏书中崇武抑李，终于引起了李重俊发动政变，杀死了武三思、武崇训父子及其党羽。偏听上官婉儿一面之词的唐中宗下令斩杀了李重俊。韦皇后虽然失去了武氏支持，却也除掉了早已视为眼中钉的太子李重俊，对一直想做皇太女的安乐公主也是一种方便。同年八月，宗楚客上表请求加封韦后为顺天翊圣皇后，得到唐中宗同意。

景龙四年（710年），唐中宗突然驾崩。韦皇后秘不发丧，欲掌控实权，重用韦氏宗亲，调集各府兵共5万人驻扎在长安城中，并指派驸马都尉韦捷、韦灌、卫尉卿韦璿、左千牛中郎将韦锜、长安令韦播、郎将高嵩统领兵马，下令中书舍人韦元巡察城中六街，还对均州刺史谯王李重福加以重兵防范。以宗楚客为首的大臣又极力劝谏韦皇后效仿武则天，否定了上官婉儿和太平公主起草的诏书，朝政大权尽落韦氏之手。

相王李旦第三子临淄王李隆基和太平公主见势不妙，发动了唐隆之变，将韦璿、韦播、高嵩3人斩首示众。韦后仓皇逃入飞骑营被斩首，安乐公主亦被斩杀。韦氏集团被剿灭，还政于李唐。后韦皇后被追贬为庶人，葬以一品之礼。

关于韦皇后弑君之谜，或许并没有直接的证据可以证明。首先，韦皇后被杀后，以礼改葬，若是弑君之罪，岂会葬之以礼？其二，上官婉儿考虑到韦皇后势力不足而改变政治立场，作为掌权者自身，韦皇后及安乐公主也应该已经意识到这一点，应该不会冒险弑君。其三，关于弑君，史书并没有在唐中宗驾崩之时提及，反而是在政变发生时由他人之口说出，这很可能是后世为了政变的合理性强加之词。

四、大唐第一公主
——太平公主

"主方额广颐，多阴谋，后常谓'类我'。"这位被武则天称道像自己的女子，便是唐高宗和武后的小女儿、唐中宗和唐睿宗的妹妹、唐隆政变的参与者、唐玄宗的姑姑——太平公主。太平是道号，相传公主真名为李令月。

太平公主出生后倍受宠爱，唐高宗和武则天却让女儿出家，原来是为了给已经逝世的外祖母荣国夫人祈福，太平为其道号，这一沿用千古的名字自此产生。但此时的太平公主并没有实际出家，还在宫中生活。之后恰逢吐蕃来朝求婚，舍不得爱女远嫁的唐高宗和武后将计就计，特修建了太平观让公主居住，巧妙地避开了吐蕃的请求。

太平公主虽然从小娇惯长大，却极有才华和主见。一日，公主着紫袍玉带在高宗和武后面前翩然起舞。这身装扮本是武官配置，乐得高宗和武后不由问道："女儿家又做不了武官，为何如此打扮呢？"太平公主从容答道："那女儿可以把它给驸马呀。"深谙爱女心思的高宗知道，太平公主是在暗示婚事，于是让公主自己挑选驸马，可谓宠爱至极。

太平公主虽为第一公主，在婚姻上却不是顺心顺意的。太平公主自己挑选的驸马便是唐太宗宠爱的女儿城阳公主的儿子、唐高宗的外甥、自己的表兄弟——薛绍。虽然尊贵如薛绍，但是心疼女儿的武后还是觉得薛绍的嫂嫂萧氏和成氏出身略低，想逼薛家休妻，幸好有人以兰陵萧氏并非寒门为由，使她打消了念头。这么一来，却让薛家对公主隐约有了芥蒂。虽有插曲，婚礼还是如期而至，两人身份尊贵，婚礼自然极尽奢华，灯火通明，万家欢庆，甚至烤焦了沿途的树木。婚后育有二子二女。

但这平静的婚姻却被一场谋反彻底打破了。薛绍的哥哥薛顗参与李冲谋反，牵连到无辜的薛绍。武则天不仅没有赦免薛绍，还将其饿死在狱中，刚刚产子的太平公主与母亲的嫌隙由此产生。武则天为了弥补女儿的创伤，特下令加其封户到1200户，突破了公主封户的最高界限。

身为母亲的武则天自然明白食封只是一时的安慰，

一桩好的婚姻才能让女儿从对薛绍的回忆中走出。但是武则天却错将政治上的独断用在了太平公主的婚姻大事上,起先武则天打算撮合公主与武承嗣,也可变相增强武氏力量,可谓一箭双雕。但见二人均没有这方面的打算,只好作罢。之后,独断的武则天耐心减少,为了让太平公主嫁给伯父武士让的孙子、自己的堂侄武攸暨,而直接处死了武攸暨的妻子。这段婚姻从悲剧性的开始就注定不会幸福。第二次结婚的太平公主,对于母亲选择的驸马不甚满意,加上薛绍被杀的阴影,让从小性子刚烈的太平公主对朝政的野心渐长。

太平公主"喜权势"这一点,武则天心知肚明,却不愿被外界所知。武周末年,武氏和李氏矛盾尖锐。年老的武则天决定还政于李氏,于是召回儿子庐陵王李显立为太子,并放权给上官婉儿和太平公主,企图缓解两家矛盾。但张易之、张昌宗兄弟的存在,却让两家关系更加激化。"二张"兄弟恃宠而骄,竟诬告太平公主的情人高戬,激起太平公主铲掉"二张"的决心。神龙元年(705年),张柬之发动政变,斩杀"二张",还政于唐中宗李显。太平公主参与政变有功,受封"镇国太平公主"。

没了母亲的限制,太平公主参政更加正大光明。不仅唐中宗李显特别尊重妹妹太平公主,乱权的韦皇后和安乐公主对其也是畏惧三分。但畏惧并非尊敬,安乐公主借太子李重俊谋反，意欲陷害太平公主。御史中丞萧至忠劝谏中宗说：天下之内，陛下只剩这一个妹妹怎么能不保护她。唐中宗念及宫中数次政变，于心不忍。太平公主虽幸免于难，与韦皇后和安乐公主的间隙却更加不可愈合。

景龙四年（710年），唐中宗驾崩，原因不明。宫中权力斗争愈演愈烈，为推翻韦氏集团，太平公主联合相王第三子李隆基于七月发动唐隆政变，杀死韦皇后和安乐公主，相王继位，是为唐睿宗。太平公主有功，再次突破了自己创下的公主最高食封，晋封万户。

唐睿宗同唐中宗一样，对妹妹的依赖有过之而无不及，朝政大事，多要与太平公主商量，甚至在公主没来上朝时，派人去家中询问意见。凡是太平公主想做之事，唐睿宗更是屡屡附和，朝中大臣渐渐看清形势，多投入太平公主势力之下，公主权倾一时。为保住权势，太平公主想要改立一位懦弱的太子，不仅借口李隆基不是嫡出动摇唐睿宗的决定，还暗示朝臣废太子，更在太子身边安置耳目监视其举动。此举招来太子李隆基的严重不满与嫉恨。

延和元年（712年），太平公主指示懂得天文历法的人暗示唐睿宗应尽快传位给有德行的人，却没想到唐睿宗果断传位给了李隆基，是为唐玄宗。太平公主计谋未得逞，还树立了强敌，却没能削减她对权力的欲望。

唐玄宗虽然登基为帝，朝中权重却多是出自太平公主集团，身边宫女也曾联合太平公主下毒作乱，形势危急。崔日用劝谏玄宗说："太平公主虽为皇亲，但是陛下贵为天子，大孝之人不会把宗庙朝廷丧失他手啊。"此语坚定了唐玄宗除掉太平公主的决心。

魏知古告发太平公主叛乱，唐玄宗率先定计剿灭太平公主集团。事发三日后，又下诏赐死太平公主于府邸，仅儿子薛崇简一人免于死刑，并赐姓为李，官任原职。

五、杨贵妃的爱情故事

杨玉环生于宦门世家，不仅容貌出色，还受到良好的教育，精通音律，擅长歌舞，善弹琵琶。开元二十二年（734年），咸宜公主大婚时，唐玄宗之子寿王李瑁邂逅杨玉环，一见倾心。经寿王母亲武惠妃上奏，唐玄宗准二人完婚，封为寿王妃。3年之后，倍受唐玄宗宠爱的武惠妃病逝，唐玄宗心痛异常，终日寡欢。善于揣摩圣意的大臣向唐玄宗劝谏，今有杨玉环"姿质天挺，宜充掖廷"。唐玄宗遂将其召入宫中。又3年，唐玄宗以为母亲窦太后祈福之名，敕令杨玉环出家为女道士，道号"太真"。5年之后，唐玄宗把韦昭训赐给寿王，有了新的寿王妃，唐玄宗便趁机册立杨玉环为贵妃，此时后宫并无皇后，杨贵妃的待遇就相当于皇后。为博得妃子一笑，玄宗特命人快马加鞭将她最爱吃的新鲜荔枝送到长安城。

终其一生,唐玄宗都未曾立杨玉环为后,多是考虑到寿王李瑁。毕竟从儿媳到妃子,唐玄宗不是没有顾虑,让杨贵妃母仪天下,难以服众;再说,若立后刺激到寿王李瑁,发动政变,是大大不值得的;而且杨贵妃未曾诞下子嗣,自然没有立后的凭据。

杨贵妃深得唐玄宗宠爱。唐玄宗谱曲演奏,杨贵妃舞蹈相称,一首《霓裳羽衣曲》见证了两人感情的升温。唐玄宗对宫人说:"朕得杨贵妃,如获至宝。"两人还饲养了一只鹦鹉,杨贵妃为其取名"雪花娘",这只颇具灵性的鹦鹉每每在二人对弈之时"帮助"唐玄宗。"雪花娘"不幸被老鹰啄死,两人很是伤心,特建"鹦鹉冢"。一只贵妃的鹦鹉都受到玄宗如此重视,何况杨贵妃本人呢?玄宗大封杨氏宗亲,最为出名的便是杨国忠,身兼数职,玩弄朝政。

天宝五载(746年),杨贵妃恃宠而骄,喜欢嫉妒,引得唐玄宗不满,敕令其回娘家,暂不见面。谁知回家后的贵妃茶饭不思,玄宗知道又感不舍,遂又接入宫中。回宫后的杨贵妃梨花带雨,急忙叩谢圣上,并检讨自身。唐玄宗念及旧情,对美人心生怜爱,感情迅速升温。唐玄宗不仅是励精图治的帝王,对世间美好事物也十分向往,专门设置的"花鸟使"便是唐玄宗发现美的眼睛,而这其中定不缺少妙龄女子。杨贵妃的嫉妒应与此有关。

宋徽宗临摹张萱《虢国夫人游春图》（局部）

然而好景不长，唐玄宗再次将杨贵妃送出宫。这次理由可不是二人感情出现问题这么简单，而是玄宗感到自己的权威受到了挑战，杀鸡儆猴。杨贵妃得宠，杨家奢侈无度、滥收贿赂，还权压李氏宗亲，经历过祖母武则天称帝、韦皇后乱政以及姑妈太平公主专权的唐玄宗，对杨氏的行为甚是反感，更加警惕。贵妃被遣送回家，杨氏一族很是惶恐，行为也收敛许多。曾受恩于杨国忠的吉温，一方面为了报恩，一方面也深谙玄宗心意，特来游说唐玄宗，玄宗派人去看杨贵妃，贵妃抓住机会，剪下一缕青丝。此举引得玄宗心疼不已，派高力士将其接回。在杨贵妃看来，唐玄宗此举并不是教训，反而是剪不断的爱意。

安禄山和史思明以"清君侧"为名，带领大军直逼长安时，年老安于享乐的唐玄宗无奈只能落荒西逃。不料途经马嵬坡，陈玄礼带兵亦发起"清君侧"，斩杀了杨国忠。事变并没有就此罢休，众将士把矛头又指向"红颜祸水"杨贵妃，唐玄宗辩护道："国忠乱朝当诛，然贵妃无罪。"然而无济于事，将士的怒火难以平息。高力士劝谏唐玄宗牺牲贵妃以求保全大局，玄宗无力回天，只能赐贵妃三尺白绫，"宛转蛾眉马前死"，年仅38岁。

叛乱平定之后，玄宗重回长安。"七月七日长生殿，夜半无人私语时。在天愿作比翼鸟，在地愿为连理枝。"苦苦思念贵妃的玄宗，竟连贵妃遗体都找寻不得。

第七章 丝路起点
——唐长安城与丝路文明

西汉武帝时,博望侯张骞"凿空"西域,开始"睁开眼睛看世界",丝绸之路散发的闪耀光芒,至大唐王朝依旧熠熠生辉。唐太宗为四夷君长"天可汗",令漠南漠北臣服,高宗又设安西、北庭两都护府,李唐完全控制了西域地区。东西方通过丝绸之路,以粟特人为纽带,使西域各国入住长安将近万家。

一、丝绸之路的起点：长安西市

丝绸之路东端的起点笼统来说，是在长安。而长安城中还有3个标志点：一是丝绸之路的政治起点大明宫；二是路途起点开远门；三是经济贸易的起点及中心——长安西市。

唐代长安城的东、西二市不仅是当时经济活动和贸易交换的中心，还是世界各国商人交流的中心，商品种类数不胜数，奇珍异宝琳琅满目，向世界展示着长安这座国际性大都市的繁华之貌。

虽然同为市场，二市的职能和概况却不相当。东市地理位置靠近三大内，即西内太极宫、东内大明宫、南内兴庆宫。不言而喻，周围自然多是皇室宗亲和高官权贵府邸，市中多"四方珍奇"，售卖的多是"把玩之物"，以满足贵族享乐之需。而西市即隋朝的利人市，入唐改名为西市,靠近长安城西外郭三城门,通往西域十分便利。所以胡商和西域物品较多,"国际化"是其特色。在龙朔之后,西市经济贸易实力超过东市,成为货币和商品流通量最大的商品区,也成为"鬻金珠"的"金市"。建在丝绸之路贸易起点的西市,异域商品缤纷多样,货币市场蓬勃发展,特色店铺更使得百姓的生活别有一番滋味。

唐代著名诗人王维《和贾舍人早朝大明宫之作》云:"九天阊阖开宫殿,万国衣冠拜冕旒。"万国来朝的盛大局面不只出现在朝堂之上。西市凭借地理位置靠近丝绸之路,是东西方贸易的中心,自然有其他市场缺少的"异域之风"。让人眼花缭乱的商品正实实在在地展现着各国各地风情,诸如民族有突厥、回鹘、吐蕃、林邑等,国家如白兰、高昌、吐谷浑、焉耆、龟兹、疏勒、朱俱波、甘棠、婆利国、富那国、三濮国、东女国、骠国、新罗、倭国等。各国特产代表诸如波斯的良马、撒马尔罕的哈巴狗、高昌国的葡萄酒、昆仑国的香料等。西市人口之盛为异域特色商品保证了良好的销量,以女子所用粉脂为例,唐玄宗每月给杨贵妃的姐姐3位夫人的脂粉钱,就达数十万,其中自然不乏安息香、郁金香、龙涎香、苏合香等西域脂粉,奢侈程度令人瞠目。不只妇女爱胡妆,"长安少年皆有胡心矣",对迷幻的西域有好奇之心的唐朝人,对异域商品也爱屋及乌,形成了庞大的消费群体和市场,货币流通飞快,对唐朝经济的发展自然少不了贡献。

西市素有"金市"之称。相传杜子春落寞之时，在东市恰逢一老人家，老人嘱咐杜子春："明日西市波斯邸店相见，过期不候。"见面之后，老人给杜子春钱三百万。谁知杜子春本性不改，一两年间挥霍无度，再次落魄。之后老人再次约见杜子春于原地，又给钱一千万。且不论杜子春其人，就看老人两次所给数目，自然可见西市货币流通之盛况。伴随着如此庞大的货币流量，西市也有存放货币专用的"柜坊"，随取随用。西市存在的诸多设施，为货币的存取、兑换、贸易提供了便利，也从侧面证明着"金市"的名副其实。

西市和东市的区别自然不只方位这么简单，西市的胡风店铺颇具特色。波斯邸店由波斯商人经营，为商旅提供住宿和贸易的场所，还可以寄存货物，甚至有些店铺兼营借贷业，推动了商业蓬勃发展。另外，西市的酒楼也是一大特色。大型酒楼大多装潢奢侈，气派十足。为了在竞争中获得优势，大多由胡女招揽顾客，陪酒劝觞之余，还辅以歌舞助兴，推动了唐代文艺活动的繁荣。酒楼除了日常食宿，还提供大型活动的接待服务，甚至可以上门设宴等。西市的特色店铺与市民融合在一起，既增加了生活享受乐趣，也推动了唐代对外关系的发展和民族融合。

二、长安城中的胡商形象及其故事

在宽容的民族政策之下,丝绸之路上的胡商络绎不绝。胡商,又称商胡,多指西域的商人,更多情况下是波斯、天竺、罗马等国家的商人。在唐诗、笔记小说、壁画及出土墓志中对胡人、胡商、胡事多有记载。他们大多深目高鼻,浓髯曲发,多从事鉴宝识宝、开设邸店、买卖药材等行业,有些胡商在与唐朝交往中,地位上升,社会影响力也不断扩大。如活跃在长安的昭武九姓,纵使在安史之乱之后,也常假冒回鹘之名杂居在长安。

胡商是统称,在其内部也按照资本分为富商大贾和小商小贩。长安胡商史婆陀资本雄厚,在朝有官阶,在家童仆数量及享乐水平远远超过长安一般的王侯,引得长安人艳羡不已。小商小贩多从事市井生活品的小买卖,生

敦煌莫高窟第45窟《胡商遇盗图》(盛唐)

活虽不比富商来得惬意，却也算是经营稳定。但无论富商还是小贩，都缺少唐朝人重视的族望，没有值得夸耀的门楣。另一点，其善于计算的天赋，在当时的人看来，颇有要小聪明投机取巧的嫌疑，大唐高僧玄奘就曾描述粟特商人："风俗浇讹，多行诡诈，大抵贪求，父子计利，财多为贵，良贱无差。"认为他们出生卑贱，重利轻义，狡猾多端。生活环境和认知的不同，使得中原汉人不能完全理解胡商的认知和观念。

盛唐时期，贵族喜爱珍宝愈深，胡人又对鉴宝识宝颇具天赋，经常出现为了珍宝不择手段的现象，甚至生命在珍宝面前都显得尤其轻薄。相传武则天时期，有西域某国进献毗娄博义天王的下颌骨、辟支佛的舌头和一枚青泥珠。可惜武则天并不知道青泥珠的价值，悬挂起来让民众观赏，后来赏赐给了西明寺的和尚。和尚便把青泥珠放在金刚塑像身上，一胡商碰巧看到青泥珠，便被深深吸引，日日来看。和尚见胡商甚是喜爱此珠，便开价由1000贯到1万贯，最后以10万贯定价，谁知胡商不但不还价，还欣然接受。胡商把青泥珠放入大腿肉中保存，此事被武则天得知后，派人追到胡商，将青泥珠从肉中取回，这才得知，青泥珠可以使浑水变清澈，自此奉为珍宝。

股中藏珠、身亡宝存等中唐小说中的离奇情节，正是当时市场需求引发的畸形竞争的表现。朝廷虽然对这种竞争多次令行禁止,但在珍宝即地位财富的观念下,未能取得明显的效果,而这种事态更加深了胡商"爱财如命"的负面形象。贵族在依靠胡商取得珍宝的同时,担心他们力量渐长而掌握了本朝经济命脉,因此凭借自身的优势,也曾做出伤害胡商利益之事,诸如借贷不还等等。所以,胡商形象的塑造不仅是一人之力,这些来自于汉人记载的故事,也许是汉人对胡商的客观认知的艺术反映,也许是当时人们对胡商形象的主观想象。

胡商所鉴之宝,有两大来源:一是西域之宝,二是大唐之宝。西域之宝折射的正是唐人对西域的想象。神秘的西域和善于经商的胡人给唐人留下了西域大抵多珍宝的印象,这珍宝也与胡商一样神秘莫测,多有令人称奇的特殊功能。而大唐之宝恰是中原人以为的胡商视角的唐朝,也就是唐朝人"臆测"的胡商认知。唐朝国力鼎盛、地大物博,培养了国人的自信心和自豪感,以一种优越感看待周边国家,所以纵使在胡商看来是稀世之宝,唐人看起来也是稀松平常之物,不值得大惊小怪。

另一方面,胡商鉴赏的宝物,多是宗教之宝或是海洋之宝。宗教之宝又多涉及佛道,如长安菩提寺僧卖"宝骨"、大安国寺僧卖"水珠"、某士人卖"破山剑"、天水赵旭与琉璃珠、东州崔生与白玉盒、义兴姚生与"龙食"等。此类故事的发端大多起于偶遇仙人,接而获得珍宝,后被胡商认定价值而高价买取。胡商对宝物有特殊的识别能力之外，并对其功能有深度了解，大多数宝物的功能又多与宗教相关。例如中国土生土长的道教有明镜巫术一说，在《古镜记》中，摩照之法却由胡人进行，可见胡人对中原宗教很有研究甚至达到精通的地步。另一种宝物为海洋之宝。与"小海洋"——河流相关的宝物自不必说，如青泥珠等；与海洋相关的宝物，多是借助宝物的神奇功效，达到深海取宝的效果，诸如避水珠、"龙畏蜡"等。唐朝对外交往不只陆路，与很多国家也展开海洋往来，对海洋除了向往更多的是征服欲。而胡商形象的塑造正是唐人抒发感情的出口，神秘的西域和未知海洋正好满足了唐人的好奇心。

三、丝绸之路与唐代外来文明

在大唐的国土上，几乎当时各国人民都曾走走停停，以丰富自己的人生。他们有的出于对东方大国的向往，有的出于对金钱的欲望，有的身负重任砥砺而来，当然也存在迫不得已而为之的情况。不管目的如何，他们都潜移默化地进行着文化交往。正如美国学者谢弗所说，历史的真相往往隐藏在人们所能预料的范围以外，隐藏在一些人类无法猜度的物质客体之中。一种动植物、一剂香草料、一种宗教等等，每种外来文明都在以不同的方式改变唐朝人的生活方式，激发着唐朝人的想象力，或许也在影响着唐朝的历史进程。

首先是珍禽异兽不断输入中原。

自古以来，中国人概念中的马多是头大矮小，马毛偏粗的矮种马。但是7世纪，玄奘路过龟兹城，听闻有

"龙驹之子",这种龙马结合所生的马多在伊朗的艺术作品中出现,它们不作为战马,多被训练成为仪仗马,有些学者称其为"亚利安马",但是大多数观点还是认为无法确认其品种。唐朝人认为战马品质最佳的是大宛马,而最接近大宛马的就是康国的马匹,故多从康国引进马种。唐朝虽然文化开放,但在早期,皇帝受传统儒家观念影响,多在掩饰喜爱之心,正如唐高祖在开国初年就下令说,"侏儒短节,小马庳牛,异兽奇禽,皆非实用。诸有此献,悉宜停断,宣布遐迩,咸使闻知"。但是,在武德四年(621年)就曾接受百济献贡的"果下马",又引进了叭儿狗。唐太宗也曾拒绝林邑国进献的鹦鹉,但是却在之后接受了陀洹国献贡的白鹦鹉和五色鹦鹉。在唐朝皇帝中,此类举动并不少见,除了个人喜好外,更多的是考虑到国家利益。但是在好奇心的驱使下,政令远不如中外文明交流来得恒久。

在突厥,骆驼如金、银、奴隶一样贵重,因为商运和军事的需要,脚程迅速又靠谱的骆驼对唐朝来说也很重要。在丝绸之路沿线,大多城镇都可以买到骆驼。回鹘和吐蕃就曾向唐朝进贡过骆驼,于阗还进献过一头"风脚野驼"。唐朝还设有专门的牧监官员管理骆驼,在关内、陇右两道的草场饲养。"胡儿制骆驼",大抵牧监中也有胡人来饲养和训练骆驼。

在唐朝也由丝绸之路传来犬类新品种,康国和龟兹在开元年间就曾屡次进献犬类。同样的,现在对这种犬的品种还是无法界定,根据对当时情况的猜测,猎犬的概率较高。高昌国曾进献过"拂林狗",也就是"罗马犬",大抵是古典时代的"巴儿狗"品种,这种面部尖尖、毛茸茸的小狗在宫廷多作为宠物。甚至在武则天统治时期,还曾收到"两头犬"的贡品,由此可见,犬类并非如马和骆驼一样出于实用,部分被看作稀有物种才得到珍惜。

珍禽异兽当然不只这几种,还有狮子、藏羚羊、牦牛、野驴等品种,它们或者品种珍奇,或者有奇异功能,或者有治愈效果,大多被作为一国象征进贡给大唐王朝,并在成长过程中得到了本土化发展。

与此同时,异域树木也不断进入中原。

相传到了春天,杨贵妃的哥哥杨国忠府上就会出现一道奇妙景色,能工巧匠会把各色品种的树木植入可以移动的花槛中,凭轮子前进并能旋转,供人观赏,因此得美名"移春槛"。这花花草草中,自然不缺乏来自西域的植物。唐朝引入西域植物,由太医署下属的药园师进行培养和管理,他们掌握着专门的植物学和药物学的知识,对植物的药性、分布地区和生长规律等十分了解,还会辨别是否有毒,以便采摘供给太医使用。

"皮肉软烂,味极甘"的椰枣树是波斯特产,又称作枣椰树、波斯枣,在唐朝也叫"鹘莽""无漏"等。

唐玄宗天宝五载（746年），塔巴里斯坦就曾进贡"千年枣"，也就是枣椰树，虽然算不得本国特产，不过可以看出椰枣树在各国的受欢迎度。按照气候状况来说，椰枣树在长安无法生存，不知唐玄宗把它赐给了何方，不过在9世纪的广东已经有所种植。就中药属性来看，椰枣树还具有补中益气、养颜活血补气色的优点，并不只是用来观赏。

菩提树也叫无花果树，常与宗教相关，"金香木开着蓝色的花"，起源于摩揭陀国。在唐朝之前，菩提树就已经被引进，作为佛陀和觉悟的象征，多被种植在寺院中，"十里松门国清路，饭猿台上菩提树"，受到人们的景仰。到了唐贞观二十一年（647年），摩揭陀国就曾将这种觉悟之树进献给唐王朝。虽然菩提树在唐朝并不罕见，但是从西域到大唐路途遥远，加上与释迦摩尼相关的记载，为菩提树增加了神秘庄重的色彩。同样与宗教相关的还有娑罗树，开着漂亮的黄花，树木厚重坚实，在唐朝之前也早被引进中原，宋朝时得到了广泛种植。

《圣阿格尼斯之夜》曾赞叹道："从盛产丝绸的撒马尔罕，到生长着雪松的黎巴嫩的各种各样的美味的食物。"丝绸之路也洋溢着玉盘珍馐和香料香草的香味。

作为美食原料的蔬菜，大多从西域移植到了唐朝。贞观二十一年，泥婆罗国将菠菜作为贡品之一传入唐朝，在方士眼中，菠菜还有"解酒毒"和缓解长期服用丹药"中毒"的神奇功效，自然大受欢迎。同批进贡的还有类似莴苣的"苦菜"、阔叶菜、有香味的"胡芹"以及能够"益心力，壮心骨"的甘蓝。甘蓝别称"西土蓝"，虽然生在欧洲，但是经西域诸国通过河西走廊，也得以引进到中原。唐朝还引进了坚果胡榛子，音译为"阿月浑子"，生长在粟特和波斯等国，不仅口感绝佳，还有健身的功效，很是受欢迎。当然也存在加工好的食物，最受欢迎的当属小胡饼，有蒸饼和油炸等形式，配着芝麻等佐料，别有一番滋味。小胡饼不只是宫廷的享受，也已经随着胡人经商传到百姓日常生活中，有笔记小说就曾记载，有郑生半夜回家，里坊门还未开，便在一家胡商开的鬻饼店小憩。

"葡萄美酒夜光杯"，唐朝外国酒种类繁多，西域的葡萄酒记载最广。西域盛产葡萄，更擅长制作葡萄酒。唐王朝不仅要求高昌国进贡"干""皱""煎"等不同形态的葡萄，还要求进贡葡萄浆和葡萄酒。最重要的是，专门用作制酒的"马乳"葡萄和制酒技术也传入中原，最早的"马乳"葡萄是突厥的叶护可汗进献的，到贞观十四年（640年）征服高昌国之后，"马乳"葡萄被成功移植到皇家园林，在之后又传入民间。葡萄一度成为诗人赞美的对象，可见其尤其受到唐人的青睐。

"落花踏尽游何处，笑入胡姬酒肆中。"盛世大唐的商业街，也是名副其实的娱乐场，胡旋舞、胡姬乐诱发着过客们的好奇心。虽说8世纪是胡服、胡食、胡乐尤其流行的时期，但实际上整个唐朝都笼罩着胡风的气息。"自从胡骑起烟尘，毛毳腥膻满咸洛。女为胡妇学胡妆，伎进胡音务胡乐。"不去考虑诗词想抒发的感情，单是想象这场景，便知道大唐胡风的情况。

历朝历代，喜爱西域音乐的不算个例。唐朝实行开放的对外政策，吸引或者迫使胡人来华，自然使得西域乐舞在大唐广受欢迎并结合中原特色得到发展。唐朝统治者曾要求西域胡人将胡乐作为"七贡"进献给朝廷，使得宫廷演奏者吸收胡乐的精华更为方便，演奏队伍增加了西域特色的管弦乐队，除了汉人学习胡乐，在唐朝非官方的演奏场合中，甚至有胡人直接参与演奏。"城头山鸡鸣角角，洛阳家家学胡乐"，胡乐也从宫廷的享受"飞入寻常百姓家"了。长安还设置了专门化的乐舞培训机构"教坊"，由官方主办，在百姓中传播宫廷贵族音乐和"上流社会"的舞蹈，但是这种传播并不是直接的。

胡乐先由宫廷乐师习得，再由"教坊"的老师传给有天分的乐工，教坊乐工虽然看似不在皇帝身边演奏，但是地位却类似宫廷乐师，不是普通百姓可以随意接触到的。所以就需要独立的高级些的艺妓来充当"桥梁"的作用，从乐工那里学到胡乐，再传播到下层艺妓，最

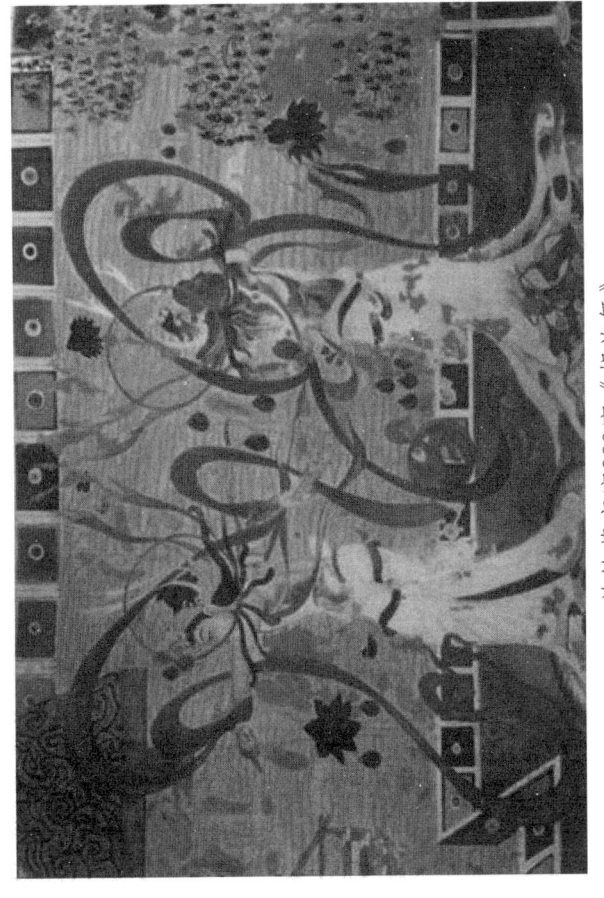

敦煌莫高窟220窟《胡旋舞》

后流传到民间。由于音乐隐含着异域和宫廷特色在内，大部分情况下，传入民间的胡乐还会被进行二次创作，使之更加适合市井生活传唱。同时，值得注意的是，胡乐的传播也不是一帆风顺的。一方面，胡乐毕竟是来自臣服唐朝的异域，乐曲和歌词必然需要筛选后才能演奏，大部分属于再次加工；另一方面，唐朝统治者也并非都像唐玄宗一样喜爱音乐，或者统治安乐。在不可预测的提倡节俭时期，胡乐就成为了被禁止的对象，幸运的是，这种时期并不多见，持续时间也不长。

在胡乐中，龟兹著名的"鼓舞曲"传到中原大受欢迎，此外，"望月婆罗门""南天竺""突厥三台"等音乐不胫而走，唐玄宗的《霓裳羽衣曲》也受到"婆罗门曲"的影响。由印度传来的音乐多是佛教音乐，如"佛印""孔雀王"曲等。除了胡乐，龟兹的乐器也大受赞赏，例如四弦曲项琵琶、横笛、筚篥等，唐朝的二十八曲调的旋律就是由此发展而来的。要说最受欢迎的乐器，还是要数小而精的羯鼓，它可以单独演奏乐曲，也可以作为演唱歌曲的伴奏，达官显贵大多会演奏羯鼓，唐玄宗更是精通羯鼓的大家。其兄长宁王李宪也极其精通音乐，甚至掌握了龟兹乐的乐谱。在敦煌发现的与现代乐谱格式有差距的乐谱，大约就是受到龟兹乐谱的影响。

"女为胡妇学胡妆"，尤其喜爱效仿突厥和东伊朗人的穿着。每逢骑马打猎之时，无论男女，经常戴着方便的"胡帽"。唐朝女子地位不同其他时期，某些权利高出其他朝代很多。幂篱和帷帽是女子外出的常备物品，一方面可以遮蔽容颜，在防止风尘的同时，也防止不良之人的窥探；另一方面也可以隐藏身份，算是对女子身体和心灵的保护。这种从披风演变而来的帽饰也曾引起不少争议，在唐高宗咸亨二年（671年），就曾打算禁止女子骑马这一不雅的行为，但是并没有收到理想效果，只得作罢。在8世纪上半叶，甚至出现了女子着男装不着幂篱和帷帽等遮蔽物在大街上驰骋的情景。胡风不只影响了户外活动的着装，也影响了日常着装。女子偏爱窄袖紧身的衣服，百褶裙大受欢迎，"回鹘髻"在宫廷掀起潮流，如此装扮更突显女子的娇柔与曼妙身姿。

香料在唐朝用途繁多，不仅在仪式场合中，还在日常生活中频繁出现。宗教宣扬的极乐世界和神仙传说，大多是烟雾缭绕、香气弥漫的，通过这种气氛来获得精神上的充实与升华，产生超凡脱俗的感官享受。在唐人的日常生活中，香料也是不可缺少的，贵族衣服上挂着香囊，沐浴时加入香料，庭院中房间内也伴有香炉，甚至政府机构也香气袭人。"异国名香满袖熏"，西域传来的香料大受欢迎。8世纪时，林邑国就曾进贡30多斤黑沉香。中医认为沉香具有"主心腹痛，霍乱中恶，邪鬼疰气，清人神"的功效，匠人拿沉香做饰品，文人也用沉香做的毛笔，无论从养生、艺术还是信仰的角度来看，沉香都受到唐人的喜爱。还有一种外来香叫"青木香"，此香主要是用来疗疾。岑参《临洮龙兴寺玄上人院，同咏青木香丛》诗云："移根自远方，种得在僧房。六月花新吐，三春叶已长。抽茎高锡杖，引影到绳床。只为能除疾，倾心向药王。"青木香直至现在都是一种重要的中药材。而经常提到的安息香并不是一种香料，而是多种香的混合称呼。在唐朝之前，安息香多是返魂树的树脂；到了9世纪，安息香则是指来自印度、印度尼西亚等国的安息树的树脂。风靡大唐的香料不胜枚举，沁人心脾的香味让唐人的生活更加情趣盎然。

唐朝既然有胡人居住，自然不会是单纯的商业圈。胡人多有信仰，其人深入长安市坊的同时，也使得其宗教信仰嵌入长安生活。唐朝基本实行开放的宗教政策，一方面是为了尊重其他来华民族的信仰和习惯，另一方面是为了保证贸易及对外交往的良好进行。宗教以"三夷教"最为显著，即来自波斯、粟特、吐火罗斯坦的琐罗亚斯德教、景教和摩尼教。早在隋朝，就萌生了富有中国文化特色的禅宗。"三夷教"进入中国，也与本土环境相结合。

琐罗亚斯德教本是波斯及中亚等地的传统宗教信仰，后随着粟特商人沿着丝绸之路进入唐朝，中国化的琐罗亚斯德教——祆教也随之诞生，也称为火祆教、拜火教。在丝绸之路沿线的聚落中，粟特商人经常设有供奉宗教信仰"胡天"的地方——祆祠。早在前430年，高昌城东就曾存在祆祠，来供奉神灵，同时也是当时聚落的中心。

景教在唐朝曾一度呈现兴盛之势，"十字寺"遍布全国，信徒多由非汉族人民构成。贞观九年（635年），僧人阿罗本将景教传入唐朝；又3年，唐太宗命其在长安城中义宁坊建景教寺，准许其传教。唐高宗年间也对景教加以保护，时人多称景教寺为波斯寺。到唐玄宗年间，景教虽在初期遭遇不幸，但在罗含等教士的努力下，处境并不算恶劣，在天宝年间景教寺称为大秦寺。摩尼教因为信徒称呼其神为"明尊"，故又称为明教。摩尼教入华并不顺利，被认为是用来迷惑民众的邪教，起初欲假托佛教之名传道，甚至在安史之乱前还没有正式的寺庙。在传入唐朝的同时，摩尼教在回纥传播较为顺利，所以在回纥帮助唐朝平定安史之乱后，摩尼教也在一定程度上受到接纳。唐代宗大历三年（768年），准许摩尼教徒在长安建摩尼寺——大云光明寺。后又在荆州、洪州、越州、河南、太原等地建寺，甚至派官员保护。自此之后，摩尼教受到唐朝皇帝礼遇，寺庙满布中国境内，得到迅速传播。

但是，在唐武宗"灭佛"时，"三夷教"也曾受到排斥，景教、摩尼教和祆教的许多祠庙都被下令拆毁，僧侣被勒令还俗。但后来至唐宣宗大中年间（847—859年）渐渐禁令松弛，本土化的"三夷教"在唐之后的王朝还有保留。

至唐朝，佛教、道教得到发展，但"三夷教"与佛教、道教并行不相违背。虽然各种宗教为了信仰冲突或圣地而引发激烈冲突，然而丝绸之路上的不同宗教多是和平共处，甚至出现各种宗教兼容并包的现象。例如于阗的佛寺，佛像是主尊，千佛伴在上方两旁，但在下方往往绘有似袄教特色的地方神祇，这正是宗教融合的体现，兼容并存才是丝绸之路上宗教发展的主流。

虽说"胡药之性，中国多不能知"，但是并没能阻止西域的药物传来中原。使团也曾像进贡其他物品一样，将本国珍贵药物献给大唐，在日本奈良正仓院就收藏着武则天时期外国人进贡的60多种药物。

提起药物，最熟悉的词莫过于豆蔻。中国确有土生土长的豆蔻，但真豆蔻起源于交趾国，早在4世纪就远销希腊。唐朝引进的多是一种"变种豆蔻"。这种豆蔻长在印度，带有樟脑的味道，对治疗咳嗽有奇效；另一种是长在爪哇的圆豆蔻，唐朝人称其为"白豆蔻"，对支气管和肺部炎症有奇效。8世纪时，天竺传来一种带多种香味的药物——质汗，这种药物由松脂、甘草、木蜜等成分构成，据唐朝中药学家陈藏器所说，质汗入酒具有消除瘀血、强健筋骨的作用。之后唐朝的质汗多由吐火罗国等使团进献。比质汗更强大的万能解毒药是底也伽，乾封二年（667年），由拂林国进贡给皇帝，成分多达600余种，可以治百病，调内气。另外一种贵若千金的药物是吉莱阿德香膏，即麦加香膏。它是提取一种阿拉伯植物的汁液凝练而成，产自拂林国，段成式称其为"阿勃参"，可以用来治疗疥癣。除了以上提到的药物，还有交河生长的木蜜，哈密、伊朗等地生长的胡桐脂树，奚国的延胡索，天竺的婆罗门参，波斯的胡黄连和天鹅虱等。这些药物传入唐朝之后，经过精通药性和阴阳五行的药师合理配比之后，更加适合中原人的病症，丰富了中医诊疗的内容。

除了以上提到的六个方面，唐朝的艺术作品诸如诗歌、小说、绘画中也受到"胡风"影响，多有描写胡人、胡景、胡事的。除了单纯的叙事记载，作品的风格和想要表达的感情也或多或少受到了外来文明的影响。

盛世大唐延续了丝绸之路，而丝路带来的外来文明也刺激着唐王朝的生命力。

第八章 日常生活
——唐长安城内的生活与习俗

隋唐长安人的日常娱乐生活虽不丰富，但是节日往往提供了娱乐的时机。他们讲究饮食，在饮食的内容与造型上追求极致的精细与完美，更与人生观、世界观相联系，饮食成为其生存哲学与审美情趣的升华与外在表现。当时长安人的重大礼仪主要有五种：诞生礼、冠礼、婚礼、寿礼、葬礼，其中婚丧二礼最为重要。

一、节日与娱乐

唐代的节日与前代相比,有明显增多的趋势,新增添了一些节日,诸如中和节、佛诞节等等。此外,以往并不受重视的节令食品在唐代也得到相对的固定和拓展。唐代节日按照其渊源可分为纪念性节日、时令性节日、宗教性节日。

纪念性节日,是为纪念一些著名人物及其特殊事迹,古人往往会自发举行一些纪念活动和仪式,久而久之,就逐渐演变为一个全民共同的节日。就唐代而言,纪念性节日有寒食节、端午节、乞巧节和诞节。

寒食节,传说是为纪念春秋时晋国人介子推而设。介子推曾追随晋国公子重耳在外漂泊19年,重耳成为晋文公后,欲赏忠心耿耿的介子推,但介子推并不愿求赏赐,在屡次推辞不受之后,便携母亲隐居于今天山西省的绵山之中。重耳为了逼迫介子推出山任职，便下令焚山。介子推坚守不出，最终抱树而死。为纪念这样一位奇人，太原等地每到冬至后的105日便禁止烧火，只吃冷食。寒食节的名称也由此而来。且不论这则传说的真假，但寒食节的主要节日内容之一，在唐代依旧为禁止烟火，仅吃麦粥、冷饧等事先准备好的食物。因此，也被称为"熟食日"。这种食用冷食的情况，直到清明节才算结束。

清明本为中国二十四节气之一，也是一种节日。到了唐代，寒食与清明两个相连的节日便合二为一了。《唐会要》记载："开元中敕寒食上墓，近代相传成仪，宜许上墓，同拜扫礼。"唐以前扫墓主要是在清明节，但是到唐代于寒食节上坟祭拜的越来越多，于是唐代官方才专门下敕，允许在寒食节扫墓。

清明节在寒食节后一到两天，因为在日期上非常接近，所以唐人常常将两节并过。除了食用冷餐，斗鸡、打球、踏青、雕刻鸡蛋等等也是唐人在寒食节时最常进行的活动，其中最特别的当属雕刻鸡蛋的风俗。

早在隋代，染画、镂雕鸡蛋就已经成为风俗。白居易"玲珑镂鸡子，宛转彩球花"一诗，就是对染画、镂雕鸡蛋的具体描述。在寒食节时，人们拿着自己精心雕刻的彩蛋相互比较、相互赠送。虽然这样一种活动深受普通百姓喜爱，但随着其中竞赛成分的不断加深，镂雕、彩绘鸡蛋已经不能满足人们的需求，更高级的假花假山、袖珍版的亭台楼阁成为一时风尚。这样一种活动虽然给人带来了美学享受，似乎也在手工艺方法上有所突破，但其伴随而来的大量浪费则是不可避免的。因此，唐朝政府对于雕镂鸡蛋的风俗一直持有反对意见，并屡屡加以禁止。但需要说明的是，政府所禁止的似乎仅局限在对鸡蛋的镂雕，而彩绘鸡蛋则在开元以后仍然是中尚署在寒食节向皇帝进献的物品。

农历五月初五的端午节是中国最为传统的节日之一，也是讲究、忌讳最多的一个节日，这样的情况在唐代亦然。对于唐人来说，端午节最为重要的活动是赛龙舟和佩戴续命缕。

除了竞渡龙舟外，端午节还有另一层含义就是辟邪祈寿。相传，只要在端午节这天将五色彩线编制而成的长命缕佩戴于手臂之上，或者悬挂在门上，就可以辟兵止恶、延年益寿，因此，每年端午唐人都有赠送长命缕的习俗。即便是在宫廷，皇帝每逢端午时节，也要赐予百官长命缕。有关唐人端午节吃不吃粽子的问题，还没有明确的史料支撑。但从唐玄宗《端午三殿宴群臣探得神字》中"四时花竞巧，九子粽争新"一句来看，似乎唐人已经开始在端午节吃粽子了。

乞巧节就是我们今天所说的七夕节，是牛郎和织女在鹊桥相会的日子。由于织女的职责是为天庭编织云彩，

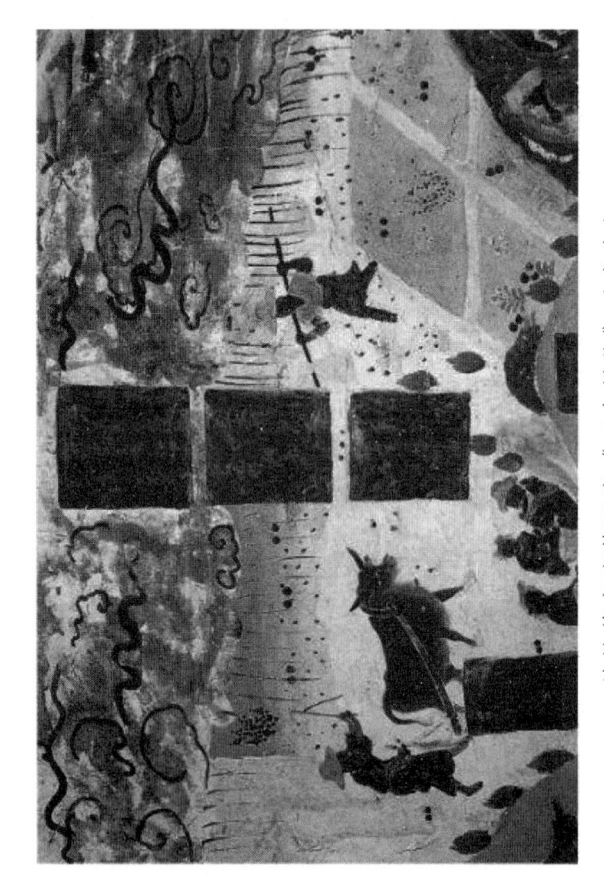

敦煌莫高窟第23窟《雨中耕作》（盛唐）

在古代便是纺织业者和女性的保护神。而在中国古代男耕女织文化之下，女性又往往是纺织业的主要从业者。因此，向巧手善织的织女祈求纺织技法则是乞巧节的主要节日活动和节日内涵。

在唐代，每至乞巧时节，女性纷纷于月下借着昏暗的月光埋线穿针。就连皇家女性也十分热衷于这项活动，每年七月七日中尚署就要进献七孔金针以方便后宫女性乞巧之用。除了对月穿针外，唐人还往往在此夜将蜘蛛放置在一个小盒子里，等到天明时开盒检视。如果蛛网结得又大又密，那么就意味着其拥有者乞到了巧；反之，如果蛛网又疏又小，则代表着没有得到织女的垂青。这种以蛛网乞巧的方式，最晚在南朝的时候就已经出现了，在唐代则成为与月下穿针同等重要的乞巧活动。

元日又称元旦、岁日，也就是农历的正月初一，是古人观念中一年的开始，自然也是全年中最为重要的节日。

唐人在元日期间也是讲究合家团圆，一起品尝团圆饭。在元日家庭聚会中，唐人讲究要按长幼尊卑饮用屠苏酒，如方干《元日》中言："才酌屠苏定年齿，坐中惟笑鬓毛斑。"此外还要吃"胶牙饧"，也就是用麦芽或谷芽混同其他米类原料熬制而成的黏性软糖，白居易《岁日家宴戏示弟侄等兼呈张侍御二十八丈殷判官二十三兄》中即有"岁盏后推蓝尾酒，春盘先劝胶牙饧"之语。这一点在敦煌文献《郑氏书仪》中也有体现，其曰："节候赏物第二。岁日赏屠苏酒、五辛盘、假花果、狡（胶）牙饧。"食用胶牙饧的习俗到宋代依然流行，宋人庄绰在《鸡肋篇》中就说："以胶牙饧，俗亦于岁旦嚼琥珀饧，以验齿之坚固。"除了与家人团聚，享受天伦之乐外，亲戚朋友也会在这一节日当中，相互拜访以庆贺新年的到来。在国都长安，甚至还会家家户户逐次举办家宴，以宴请周围的邻里街坊一同欢庆节日。

对于唐人而言，除了吃团圆饭、走亲访友之外，元日还有一项重要的节日内涵——祈求长寿。在正月初一这一天，家家户户都会在院子里立起长长的竹竿，并在竿顶悬挂幡子以祈求家中人丁都能够长命百岁。除此之外，在民间还有许多避疾驱病，祈求来年身体康健、五谷丰登的习俗。比如唐人认为此日面向东边，以齑汁服食赤小豆14粒就可以一年不得疾病；又比如将麻子、小豆各14粒投入井中可以避瘟疫；还有在子夜之时，将家中用坏的笤帚于院落中烧毁后，来年就可以获得大丰收等等。

早在先秦时期，汉族人民就习惯在三月的第一个巳日前往河边，通过洗涤以祓除不祥与不洁。这种祓禊活动在流传的过程中，逐渐演变为一种季节性的聚会，日期也由半固定的三月第一个巳日演变为固定的农历三月三日。

对于唐人而言，上巳节原先袚除不祥的仪式与含义已经逐步转淡，而游览名胜、相聚欢宴则成为节日的主流。每到上巳节，长安城中诸如曲江等一些风景优美之地，皆是唐人游览野炊的极佳去处。杜甫在《丽人行》中即言："三月三日天气新，长安水边多丽人。"由此可见上巳节时唐人游玩赏景的盛况。此外，在这一天唐政府还往往要赐宴群僚。而长安城中的长安、万年两县还借助这样的机会，要相互比试，看看谁的宴会更加奢华。根据唐代康骈《剧谈录》记载，在这一天长安、万年两县于山亭之间设置会场，皇帝也派太常及教坊的歌舞乐团前来助兴。水池之中还有彩舟数只，锦绣珍玩更是无所不施。这样豪华的场景，每年都会引得整个皇城万人空巷，前去围观。除了赐宴之外，皇家还往往在上巳节和重阳节之时，让王公以下竞射娱乐。但这一活动在开元八年（720年）时，由于大臣以浪费国库、毫无意义为由公开反对而就此取消。

需要说明的是，虽然古时袚除不祥的含义在此时已经淡化，但未完全消失。在文献中，我们也还是能够时常看到一些在上巳节举行袚禊活动的记载。比如唐中宗时，就曾于上巳节袚禊，并赐给近臣细柳编制的柳环，告诉他们戴上此物可以免除蛊毒和瘟疫。

每逢佳节倍思亲，空中一轮圆月预示着月圆人团圆的含义。因此，与今人一样，每到中秋佳节时，都是唐人归乡团聚的日子。那些无法与家人团聚的人，也自然将明月与家乡、月光与乡愁联系起来。诗人白居易在《中秋月》一诗中有"万里清光不可思，添愁益恨绕天涯"之语，更是点破了那些远离家乡之人的思乡之情。

与今人相比，唐人在中秋佳节之时，在抛却思念之情外，还多了一份赏月的情致。根据统计可知，在今天我们能够看到的唐人诗作中，描写中秋赏月的就多达90余首。可见，赏月、玩月是唐人中秋节最为重要的活动。这种雅致就连帝王也不能免俗，玄宗就曾因凭栏望月不能尽兴而大兴土木，修建了一座百尺高台以备来年赏月之用。与今天不同的是，唐人还没有在中秋夜吃月饼的习惯。就文献而言，我们只能看到"中秋玩月羹"这样一道似乎特别存在于中秋节上的美食。

重阳节在每年农历的九月初九，它与中和节、上巳节一道在唐代被称为"三令节"。有关重阳节之习俗与来源，根据《西京杂记》的记载，早在汉武帝时期，我国就已经开始在九月九日佩戴茱萸、食饵和饮用菊花酒了。这样的习俗到了唐代并没有太大的改变，登高、赏菊、插茱萸仍旧是这一时期庆祝重阳节的主要活动。

茱萸与菊花在古人看来，都有驱疾避恶、延年益寿的功效。在此日将茱萸佩于身上，再饮上一杯菊花酒的习惯，包含了唐人祈求延年益寿、不生疾病的愿望。这样的愿望一直绵延至今，重阳节在今天，也被称为"老人节"。从这样一个名称中，我们就可以看到其中所蕴含的敬老、延寿等古义。而《西京杂记》中食饵的习俗，在此时则演变为一种重阳节特定的节令食品——重阳糕。重阳糕在唐代还没有统一定式，但最晚在宋代就已经成为影响至今的节令食品。在重阳之日，帝王也往往会举办宴会与群臣同欢，如"宣宗因重阳，便殿大合乐，锡宴群臣"。而宴会的主题，也依旧是为帝王添寿、祈福。

除夕是农历一年当中最后的一天。唐人在这一天要举行最为盛大、最为热闹的驱傩活动，目的是为即将到来的新的一年驱除疫鬼。活动的主要内容，就是在队伍的最前面有一对男女分别扮演成"傩翁"和"傩母"领舞，扮演者有时是年老的男女二人，有时则不限年龄，头戴老头老太太的面具以作象征。在他们两人的周围还有由人们装扮成的各种鬼神，大家一起歌舞喧闹。这样的活动不论是在民间，还是在皇家都会举行。相比而言，民间的驱傩形式更为自由，而皇家的则更加壮观，常常需要千余人一起扮成护僮侲子，而皇帝及其家眷也会在此时观看驱傩大典。

除了驱傩外，点灯燃火、饮酒守岁也是唐人除夕之夜必做的活动。唐人常常一起围着篝火喝酒、舞蹈，类似于我们今天的篝火晚会。这样的活动一直要持续到正月初一的清晨。在皇家,虽然皇帝与下人连臂而舞的情形不可能出现,但燃火点灯是一定要有的形式,放爆竹更是民间人们喜爱的活动。

宗教性节日,就是指那些由宗教信仰发展而来或是沾染了比较浓厚宗教色彩的节日。就唐代而言,比较重要的宗教性节日有上元节、降圣节、佛诞节以及盂兰盆节。

所谓上元节,就是我们今天所说的正月十五元宵节。有关这一节日的起源,一般认为与汉代祭祀太一神的信仰有关。因此,在唐代,上元节与中元节、下元节一道成为道家的三元节(中元节为七月十五日,下元节为十月十五日)。在这一天,道观中会举行斋戒、读经、作法等宗教活动。除道教之外,佛教似乎对上元节也十分重视。高僧玄奘在自己的游记当中,记载了摩揭陀国(约在今日印度比哈尔邦)在正月十五月满之日,如来舍利均会现身,且还伴随着放光、雨花等神迹的出现。

而我们今天元宵节点花灯的习俗,在唐代也已经出现了。特别是佛教,对上元节燃灯是极为重视的。根据日本僧人圆仁的记述,唐代扬州城的佛寺在上元之夜是要进行燃灯、供养佛祖、祭奠祖师等法事活动的。圆仁还特别提到了无量义寺的匙灯和竹灯,称其高七八尺,制作精巧，貌如塔状。而在敦煌地区，上元燃灯则成为人们广积善缘、播种福田、积累功德的重要方式。因此，人们在此日纷纷向佛寺捐款以助燃灯。对于中原地区的百姓而言，赏灯、燃灯更是在这一时期逐渐由宗教活动演化为一种全民的狂欢活动。在这一天，政府取消例行的禁夜与关闭坊门的管理条例，人们可以自由地在城市内部活动，不分贵贱、老幼、男女，均可一道观赏花灯、百戏、歌舞等各种表演，一时之间全城热闹非凡。

还需要提及的是，上元节除了脱胎于太一祭祀的说法之外，民间还流传着另一种习俗——请紫姑。紫姑是汉族民间传说中的司厕之神，又名厕姑、茅姑等等。在民间传说中，紫姑的原型有二：一说是李景的妾室，遭到正妻的嫉妒，并在正月十五那天被害死在了厕所；还有一说是紫姑是杜撰出来的名称，其实指的是西汉时期的戚夫人，而戚夫人也是死于厕所之内。无论是哪种说法，民间的人们对紫姑都抱有一种同情之心，因此在一些地方便出现了"正月十五迎紫姑"的风俗。紫姑虽然为司厕之神，但她往往是女性的保护神，女性往往将自己的心事向其诉说，并请求她的庇佑。紫姑传说虽然在六朝时期就已经出现，但紫姑信仰却是在唐宋时期兴盛起来的，是这一时期非常重要的民间信仰，也自然是汉族女性在正月十五上元节时必不可少的迎神活动。

每年的农历二月十五日,是传说中老子的诞辰日。老子是道教所供奉的始祖,因此降圣节又被称为道诞或道日。我们都知道,道教对于李唐皇室而言,有着非常不一样的情结。李唐自起兵之始,就自称为老子的后裔。因此,道教对于李唐王朝而言,是受到特别尊崇的国教。

对于老子降生日的设置,有传说指出是玄宗听从了举人任之良的建议,以二月十五日为老子的生日,并举行燃灯活动。这一说法直到宋代都十分流行。我们且不论这一传说真实与否,降圣节是在玄宗统治时期开始设立的,当是真实无疑的。据史料记载,唐玄宗在开元二十五年(737年)就曾下令,各州的玄元皇帝庙"自今已后,每年二月降生日,宜准西都福唐观,一例设斋"。10年之后的天宝五载(746年)更是将老子诞辰确定为二月十五日,并且作为全国性的法定节假日固定下来。唐文宗、武宗时期,道教地位进一步提高,原先的休假一天在开成五年(840年)也变为三天,并于会昌元年(841年)更名为"降神圣节"。

虽然直到五代降圣节休假的规定仍旧执行,但由于这个节日本身于民众并没有太紧密的关系,且与佛教相比,信仰道教的人数明显处于少数。因此,有关唐代降圣节的民俗活动几乎没有记载,可能在上文提到的任之良所提倡的燃灯,是唯一的娱乐性活动了。

与降圣节相对应的,是每年农历四月初八的佛诞节。从某种意义上说，降圣节就是仿照佛诞节设立的道教节日。但需要指出的是，四月八日只是唐朝政府官方规定的佛诞日，在这一时期不同的地区对佛诞日具体日期的认定并不一致。比如在敦煌等地，他们认定的佛诞节是在二月八日。而有的地方则采取折中的方法，将二月八日与四月八日一并认定为佛诞节。面对这样的情况，四月八日的佛诞节虽为官方认定，但在实际操作中，唐朝政府也将四月八日休假一天的福利同样适用于二月八日。

在佛诞日这天，佛寺都要举行浴佛和行象活动。特别重要的是，唐后期的几次规模浩大的迎佛骨活动也是在四月八日举行的。唐代最为有名的一次迎佛骨活动，是在元和十四年（819年）。这年春天，唐宪宗想迎佛骨入宫供奉，但韩愈却上书激烈地反对宪宗的这一想法，写下了著名的《谏迎佛骨表》。韩愈因为这一表文差点丢掉了脑袋，但也因这一表文而使得这一次奉迎佛骨广为人知。韩愈的谏言并没有阻止宪宗奉迎佛骨的决定，同样的，也没能打消后来继任帝王对佛教的笃信。到了咸通十四年（873年），懿宗举行了唐代最后一次迎佛骨活动。这次迎佛骨活动也是唐朝历史上规模最大的一次。根据史料的记载，为了这次活动，懿宗不仅下令广造浮屠、宝帐、香舆等佛教用品，还对每件用品的制作都要求以金玉、珠翠为装饰。佛骨来到长安城的那天，全城轰动，香烛遍地，人们竞相膜拜，甚至还有人为了表达自己的诚心而采取断臂、以火灼头等自残行为。今天，随着法门寺地宫考古发掘的完成，我们也可以通过一件件精美的文物来了解当时人们对于佛教的狂热和追捧，这是我国土生道教所没有取得的高度与影响。

农历七月十五日是佛教庆祝盂兰盆节的日子，在这一天，信众以盆盛装百味饭食以供养十方大德僧，以达到消解亡故亲人罪孽，解除他们在地狱所受之苦的目的。而这一天也是道教的中元节，民间也将其称为鬼节或者七月半。对于道教来说，这一天是地官考校之日，也是赦免饿鬼的节日。由此我们可以看到，佛、道两教虽然相异，但均选取七月十五日作为自己赦免、救赎亡魂的日子。因此，盂兰盆节是唐代节日中杂糅中西两方信仰与风俗的独特节日。

就唐代而言，佛寺有关盂兰盆节的所有活动费用都是由官方供给的，有时在宫内还特别设置内道场来庆祝盂兰盆节。根据日本僧人圆仁的记载，这一天长安城中的寺庙均作花蜡、花饼、假花果树等于佛殿前供养。有时还会举办各种百戏活动，以供信徒观看。但与盂兰盆节的官方背景相比，中元节在唐代民间的影响更为深远。人们在描述寺庙的盂兰盆节时，也会常常用到中元节这一名称来替代盂兰盆节。

二、饮食习惯

中国人讲究饮食,不单单是解渴充饥、填饱肚子那样简单。国人不仅在饮食的内容与造型上追求极致的精细与完美,形成中国菜特有的色、香、味并存的评价标准,饮食更是与国人的人生观、世界观相联系,是生存哲学与审美情趣的升华与外在表现。所谓"饮德食和,万邦同乐"就是国人对饮食文化的最高追求。当然,在探寻饮食文化的背后,一定是以丰富的饮食资源为基础的。对于隋唐长安人来说,便利的交通条件、辽阔的疆域以及与周边国家的良好互动,都使得这一时期成为外来物品来华最为频繁的时代。这些充满异国风情的饮食,在与本土化饮食的碰撞中,激发出了最为耀眼的光芒。

主食包括粉类食品。这里所说的粉类食品,是指那些需要磨成粉状以供食用的食品。唐代时，能够以粉状出现的食品原材料以麦类为主，麦类作物开始超越粟米，成为人们饮食生活中的主要来源。这一时期的麦类作物主要有小麦、大麦和荞麦。这些麦类作物被研磨成粉后，人们利用其加水之后的柔韧性和延展性，制作出种类繁多、口味独到的面食，既满足了人们果腹充饥的需要，又提高了人们日常生活的品质。因此，粉类食品在这一时期极受大众欢迎。

在众多粉类加工品中，饼是唐人主食的主要构成，现今流传的与饼相关的名目数量，也可以加以佐证。在唐代，饼的种类很多，几乎所有成型的面食都可以称为"饼"。仅就传世文献中记载的名目而言，就有胡饼、蒸饼、煎饼、汤饼、索饼、糖脆饼等几十种。在这些种类繁多的饼类之中，唐人日常最常食用的是胡饼、蒸饼、煎饼和汤饼。

胡饼是一种烤制而成的面食，为了增添口感，胡饼在制作过程中还常常加入芝麻，因此，也被称为"胡麻饼"。胡饼的口感很好，白居易《寄胡饼与杨万州》一诗中说："胡麻饼样学京都，面脆油香新出炉。"其中"面脆油香"就是对这一食品口感的直接描述。也正因如此，胡饼自汉代传入中原地区之后，就成为普通大众所喜爱的食品；到了唐代，更是成为人们日常生活中的主食种类。日本僧人圆仁《入唐求法巡礼行记》中写道："开成六年（840年）正月六日立春，命赐胡饼、寺粥。时行胡饼，俗家皆然。"可见唐人吃胡饼是一种常态。

也正是由于唐人对胡饼的喜爱，胡饼在这一时期又增加了新的品种——带馅料的胡饼。根据笔记小说《唐语林》中的记载，当时的豪家会制作一种名为"古楼子"的胡饼，具体的制作方法为先"起羊肉一斤，曾布于巨胡饼，隔中以椒、豉，润以酥"，然后放置于炉中烤制，等到羊肉半熟之时就可以食用了。用一斤羊肉做馅料制作的胡饼，可见是十分巨大的。这样巨大的胡饼，在唐代的边疆地区也很常见。如在敦煌文书中能够看到"面四斗造胡饼八十枚"的记载，按今天的单位换算，一斗约6千克，24千克做80枚胡饼，每个胡饼用面量高达0.3千克。可见，这个胡饼的尺寸必然不小。巨胡饼的实物我们今天也能看到，在今新疆吐鲁番阿斯塔那墓曾出土过一枚直径接近20厘米的胡饼。虽然胡饼的主要制作手法是烤制，但也有例外，如皮日休《初夏即事寄鲁望》中"胡饼蒸甚熟，貊盘举尤轻"的胡饼，就是蒸制而成的。

与胡饼一样，蒸饼是在汉代就已经出现的食物。在唐代，通过蒸制而成的面食，都可以统称为蒸饼。我们今天所吃的馒头，就是蒸饼的一种。除了不添加任何配料而成的蒸饼以外，唐代的蒸饼还可以加入馅料或是佐料进行调味。根据宋人张师正《倦游杂录》中的记载可知,这种加入馅料的蒸饼也叫作笼饼,也就是今天的包子。《御史台记》中就记载了武则天统治时期,侍御史侯思正十分喜爱吃笼饼,并且专门嘱咐制作笼饼的下人少放葱、多放肉,因此被当时之人戏称为"缩葱御史"。此外,唐人文献中所记载的"馒头",也是一种加馅料的食物。如《清异录》中就记载唐德宗喜爱吃"用消熊、栈鹿为内馅"的"出尖馒头"。其中,"消熊"指的是熊白,也就是一种从熊脂肪中提炼的食物,而"栈鹿"则是指那些精心喂养长大的鹿。除了加入馅料之外,唐人段成式在《酉阳杂俎》中还记载了一种用猪油和面蒸制蒸饼的手法,其比例为"用大面一升,练猪膏三合"。

蒸饼在唐代也极为流行,既是普通百姓日常的主食,也深受统治阶层的喜爱。《朝野佥载》就记载了武周时期,张衡因在马上吃蒸饼而遭到御史的弹劾;白居易在《社日谢赐酒饼状》中也提到了蒸饼,可见皇家也是食用这一食品的。

汤饼是指我们今天的面条或面片。根据宋人欧阳修的记载,唐人还将其称为"馎饦",在文献中也有"不托""索饼"等别称。汤饼虽与南北朝时期无异,但花样有所增多。如《金华子》中记载的"脂葱杂面馎饦"、韦巨源烧尾宴中的"生进鸭花汤饼",还有用以疗疾的姜汁索饼、羊肉索饼等等。《新唐书》还记载了玄宗王皇后在玄宗生日之时，做"生日汤饼"进献。可见，至晚在唐玄宗时期，就已经形成了过生辰吃汤饼的习俗。这与我们今天食长寿面有异曲同工之妙。

汤饼一般都是和汤同食。为了解决夏日食用的问题，唐人还发明了冷面——"冷淘"。冷淘与馎饦大体一致，所不同的就是二者一冷一热。唐代的冷淘种类也很多，如以槐树叶制作的"槐叶冷淘"，以绿豆粉制作而成的"绿豆冷淘"，等等。关于冷淘的制作与口感，杜甫便有《槐叶冷淘》一诗："青青高槐叶，采掇付中厨。新面来近市，汁滓宛相俱。入鼎资过熟，加餐愁欲无。碧鲜俱照箸，香饭兼苞芦。经齿冷于雪，劝人投此珠。"

唐代饼食名目极多，上文我们仅仅是就其中较为普遍的三种作一解释。唐代的面食虽以饼为主，还有一些其他的花样面食，也是值得我们了解的，其中比较重要的有馎饦、糕、馄饨、饺子。

馎饦也称毕罗，是从西域传到中原地区的一种带馅料的面食。这种面食一经引入，就风靡了整个大唐帝国，成为街头巷尾均可寻到的美食。售卖馎饦的店铺成为人们日常饮宴的极佳去处。馎饦的馅料很多，客人可以根据自己的不同口味来进行挑选。简单而言，馅料可为肉类，如《岭表录异》中记载的"蟹馎饦"；可为水果馅，如《酉阳杂俎》中记载的韩约就能制作樱桃馅的馎饦；也可以是蔬菜馅，如《北梦琐言》中的"苦荬馎饦"。并且根据文献的记载，那些开设在长安城内的馎饦店，其售卖的方式似乎是以斤两作为单位的，《酉阳杂俎》载"与客食馎饦计二斤"就是其中一例。馎饦的具体制作手法和形式究竟如何，今天还没有一个确切的定论，但有一种观点认为，馎饦就是今天的锅贴。

糕是一种用麦面或者米粉制成的、较为精美的食物，常常被帝王作为赏赐臣下的物品，如《类说》中就记载了唐玄宗以"金盘盛新糯米糕糜赐之"，《全唐文》中也收录有常衮的《重九谢赐糕酒状》。对于普通百姓而言，糕则在特定节日才能吃到。根据古籍中的记载，唐人在正月十五时，要吃玉粱糕，四月初八也要吃糕糜。其中最为重要的，则是在九月初九重阳日时吃重阳糕。重阳糕即为汉代的蓬饵，自汉以来就作为重阳节的时令食品。有关唐时重阳糕的具体形状未有记载，仅《太平御览》卷三二引《卢公家范》言："凡重阳日，上五色糕，菊花枝，茱萸树，饮菊花酒，佩茱萸囊，令人长寿也。"

除了这些赏赐、时令节日用的糕糜之外，唐人对日常的糕食也每每推陈出新。如韦巨源《食谱》中的水晶龙凤糕、紫龙糕、花折鹅糕，其中水晶龙凤糕使用的是枣与米粉，须蒸开花之后才能吃。到了五代十国时期吃糕的风气依旧未减，甚至还出现了专门做糕的作坊。根据《清异录》的记载，这些糕坊中的佼佼者，收入是相当可观的，以至于在显德年间，还出现了糕坊主捐官为员外的事情。

馄饨也是唐代极为常见的包馅面点，食用的人群范围极广。僧侣、官员、百姓都时常食用馄饨，所不同的只是馅料的内容和制作的精巧程度。唐人食用的馄饨与今天的馄饨基本无异，制作手法也十分精巧，甚至形成了品牌化的效应。如《酉阳杂俎》中记载的当时名食中，就有"萧家馄饨"，其特点在于"漉去肥汤，可以沦茗"。

饺子的名称是在宋代"角儿"的基础上发展而来的。在唐代是没有饺子这样一个专属称谓的，但饺子的实物已经出现了。今新疆阿斯塔那墓就曾出土了小麦面制作而成的饺子，其形状与今天一样，皆为月牙形，现藏于国家博物馆中。据王赛时先生的推测，饺子与馄饨皆流行于唐代，但饺子最初只是馄饨的一个副产品，并不独立成名，直到宋代以后，才与馄饨相分离，成为独立的一种食品种类。

粒类食品与粉类食品对应。除了碾磨成粉外，所有的谷米类食品都可以算作是粒食。粒食是人类最初的饮食方式，其历史远远早于面食。虽然在唐代，面粉已经逐渐地占据了饮食领域的一席之地，但传统的粒食仍然保持着强势的地位。直到今天，我们所吃的饭、粥等等都属于粒食的范畴。其中，饭的种类最多，凡是将未碾碎谷物整体蒸熟的食品，唐人都将其称为"饭"。唐人食用的饭，有日常的粟米饭、稻米饭、黍米饭；有特殊的雕胡饭；有养生成仙的青精饭和胡麻饭。

粟米即我们今天的小米，小米饭在今天的山陕地区仍有存在。就我们可以看到的文献而言，唐人食用粟米饭的，大多数都是普通百姓。即便有官员，也是作为其生活清俭的依据之一。如隋末逐鹿中原的枭雄之一窦建德，史称其"常食唯有蔬菜、脱粟之饭"。又如《卢氏杂说》中记载郑馀庆生活清俭之时，所举的例子就是郑公宴请宾客时，每人仅提供"粟米饭一盂，烂蒸葫芦一枚"。

黍在唐代也属于粟类粮食，黍米一般是指大黄米。大黄米具有黏性，是当时种植较广的作物之一。唐人将黍米蒸制而食的记载很多，如贯休《春晚书山家》一诗云"柴门寂寂黍饭馨"，白居易《偶吟二首》中"厨香炊黍调和酒"都是对日常食用的黍米饭的描述。除了黄黍外，唐代还有黑黍、赤黍和白黍。黑黍一般产自上党地区，除了食用、酿酒之外，黑黍秆还被作为定律历的度。赤黍又称为红黍、丹黍、红莲米等等，从韦庄"主人馈饷炊红黍，邻父携竿钓紫鲂"的诗句中，我们就可以推知，赤黍当是此时普通人家的主食之一。

隋唐五代时期，是我国水稻产量和种植面积不断提升的时期。在这一时期,稻米的总产量超过粟麦,占据主粮的首位。特别是在安史之乱以后,稻作技术的不断提升和南粮北运历史的开始,都使得稻米成为中晚唐社会的主要粮食,稻米饭也同时成为唐人的主要饭食。唐人在食用稻米饭时,往往还要佐以菜肴,与我们今天吃米饭几乎一致,如白居易有诗云:"水餐红粒稻,野茹紫花菁。"南方以鱼配饭的做法,在此时也得到了大众的认可和喜爱,白居易在另一首诗中就表达了稻米饭与鲜鱼相配的吃法,其文曰:"红粒陆浑稻,白鳞伊水鲂。庖童呼我食,饭熟鱼鲜香。"

雕胡饭是用雕胡米蒸煮制成的,雕胡米就是我们所说的菰米。菰是一种水生的草本植物,因此在南方地区极为常见。菰米就是菰所结的籽。菰米虽一直都未人工种植,但因为它本身容易掉落,便于收集,所以在很长一段时间都是南方地区的粮食资源之一。到了隋唐时期,菰米虽然不再成为主粮,但在一些山野乡间,仍旧会有穷人或怀旧之人捡拾积攒,李白就曾在山下一位老媪家吃到过这种饭食,还作诗以为纪念:"跪进雕胡饭,月光明素盘。"雕胡饭的特点,据说是香、软、滑腻。但就是这样一个待客的上品,到了宋代以后就逐渐消失了。唐代诗人的咏叹,可以说是雕胡米的最后绝响。雕胡米的消失,是源于在宋代以后,菰普遍受到了黑穗病菌的侵袭。感染这种病菌之后,菰就不再结籽,内茎不断膨大而结成笋状结构。这种笋状结构的食品，我们今天也还在食用，其名称为"茭白"。

青精饭和胡麻饭都是唐代道教徒用以养生的主要饭食，青精饭又称乌米饭，是产生于盛唐时期的饭食。根据唐人陈藏器的记载，青精饭的制作方法是把粳米浸泡在南烛树茎叶捣出的汁液中，在经过"九浸九蒸九曝"之后，使得米粒紧小色黑。南烛树属于杜鹃花科，今天江苏、浙江、江西一带将其称为乌饭树。中医认为其茎叶有强健筋骨、明目、益气的功效，长久服食，可以达到轻身养颜、生津耐饥的目的。因此，唐人把吸收了南烛汁液的粳米当成食疗补益的佳品。杜甫就曾作诗云："岂无青精饭，使我颜色好。"但需要注意的是，青精饭因其制作工艺的烦琐和所需的原料、配料价格不菲，并不是一般道教徒所能享用的食物。

胡麻虽然主要是作为油料作物出现，但唐人认为其具有"补五内、益气力、长肌肉"的功效，久服之后可以"轻身不老，明耳目，耐寒暑"和延年益寿。在唐人所作的笔记小说中，因食用胡麻饭而得道成仙的记载很多。因此，胡麻饭在唐代的主要食用人群是道士，是唐人心目中的山林之食。

除了饭食之外，谷物在此时还往往被熬煮成粥，是唐人普遍食用的辅助性主食。粥的种类在唐代也很多，如饧粥、乳粥、豆沙加糖粥等等。粥品在唐代之所以兴盛，一方面是因为粥与饭相比，用米少而饱腹感强；另一方面是因为唐人认为日常食疗和调理病人当以粥为佳，这与我们今天的观念如出一辙。

唐人的主食包括粉类食物和粒类食物两种。其中，粉类食物以饼为重，粒类食物以饭为先。但在饼与饭的基础之上，都涌现了许多花样，推出了适合不同人群和需求的不同品种，极大地丰富了唐人的日常饮食。

茶和酒是长安的主要饮品。

唐代是饮茶之风由江南一隅走向全国的重要时期。茶叶开始成为中国人日常饮食中必不可少的物品，唐代封演的《封氏闻见记》卷六《饮茶》记载："（开元中）自邹齐沧棣，渐至京邑城市，多开店铺，煎茶卖之。不问道俗，投钱取饮。楚人陆鸿渐为茶论……于是茶道大行，王公朝士无不饮者。……始自中地，流于塞外。"通过唐人封演的描述，我们可以清楚地看到当时饮茶之风的盛行——从南到北，从中原到边疆，饮茶成为无论道俗都喜爱的饮品。

在唐以前，人们将新鲜的茶叶"煮作羹饮"，几乎不做加工；自唐始，茶叶开始进行深加工，一般采用的是做饼的方法，以便于储藏和运输。茶饼的制作一般要经过七道工序，即采茶、蒸茶、捣茶、拍茶、焙茶、穿茶、封茶。这些制作技巧和工具，在当时是极富创造性的，在今天也经常被茶农使用。比如说蒸茶，蒸青技也是茶叶加工过程中必不可少的环节之一，经过蒸青的茶叶可以降低原先含有的苦涩味，提升醇香甘甜之感。除了茶饼之外，粗茶、散茶与末茶也是这一时期并存于世的茶叶形态。

受前代的影响，唐人饮茶还是以煮为主。所不同的是，抛弃了以往与煮蔬菜汤无异的历史，开始在器具的选用、水温的控制以及茶汤的调和等方面，形成自己独到的规范——茶道。今人所熟知的唐代最会饮茶的人陆羽，就专著《茶经》一书，对煮茶的每道工序做了详细的说明。在陆羽看来，煮茶最重要的就是对水的控制。陆羽认为，煮茶之水有"三沸"之说。当水中泛起如鱼眼一般的小气泡，并微微有声时，为水的第一沸，此时须加入盐以调和。然后等到容器的边缘产生了如涌泉连珠一般的泡沫时，为第二沸。此时须舀出一瓢水待用，然后用"竹夹环激汤心"，再下以定量的茶末。当水达到"腾波鼓浪"的第三沸时，用先前舀出的水平息，以便孕育茶汤的精华。

不仅如此，烤茶、煮茶时所用的燃料，也需要精心地挑选。陆羽认为烤茶之火应先"用炭，次用劲薪。谓桑、槐、桐、枥之类也"。而苏廙甚至根据燃料的不同，将茶汤分为法律汤、一面汤、宵人汤、贼汤和大魔汤。所谓法律汤就是用炭为燃料，这是茶家的法律；一面汤是指用"柴中之麸火，或焚余之虚炭"；宵人汤是指用粪便为燃

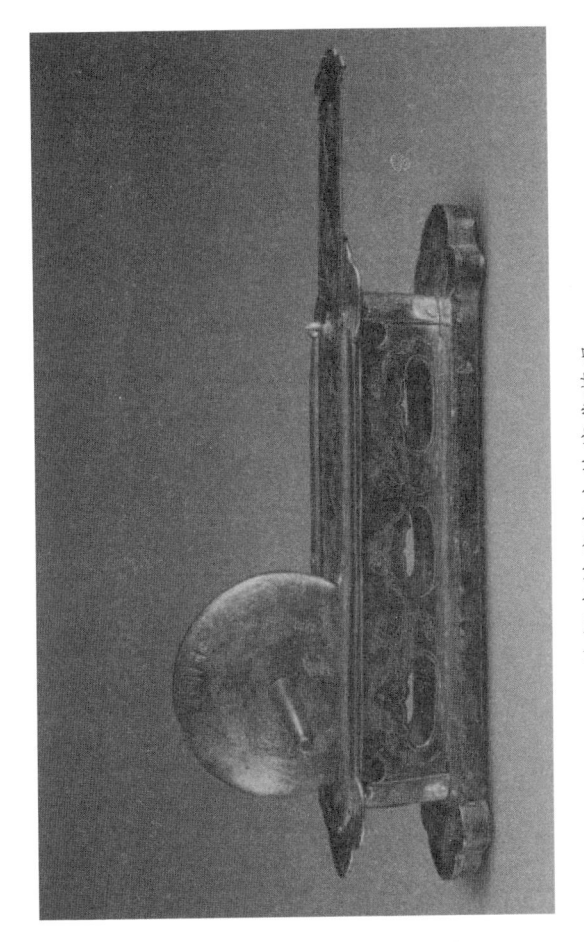

法门寺地宫出土的唐代茶碾

料；贼汤又称贱汤，是指那些以风干的竹条、树梢为燃料；大魔汤是指用燃烧时会产生大量浓烟的柴火为燃料。由此可见，煮茶是唐人茶道中极为讲究的一件雅事。

除了煮茶法外，唐代开始出现一种更为简易的饮茶方式——沏茶法。这与我们今天的喝茶方法是一致的。虽然这种方法在唐代被陆羽等人讥讽为喝沟渠里的臭水，但其方便的饮用方式以及茶叶的出现，都使得这种饮茶方式不断发展，最终取代了陆羽所提倡的煮茶法，成为直至今天我们最常使用的饮茶方式。

农业生产的巨大发展、商品经济的蓬勃兴起以及饮酒之风的盛行，都促使唐代酿酒技术飞速发展。按照制作人的身份和所酿之酒的用途，唐酒可以分为官酿、坊酿和家酿三个系统。

官方的酿酒行为，产品主要供政府和皇家饮用。朝廷专门在政府机构设置了良酝署统筹京城官府与宫廷的用酒，根据相关记载可知，整个良酝署共有163名员工参与酿酒活动。因为这种酿酒行为属于官方行为，在技术保障、资金来源等方面都有充分的供应。良酝署可以根据不同的季节和需要，提供不同种类的美酒。总体而言，主要有春暴、秋清、酴醿和桑落酒。

坊酿和家酿主要是私家酿酒行为，主要区别是坊酿用于出售，家酿用于自饮。由于唐代饮酒之风盛行，酒已经成为人们日常生活所必不可少的饮品，从而促使了这一时期家庭酿酒的兴盛。唐代的家酿十分发达，很多文人名流都会自己酿酒。比如名臣魏徵，他所酿的酒在当时知名度极高，甚至得到了太宗皇帝的赐名——醽醁（líng lù）翠涛。还有宰相裴度的家酿"鱼儿酒"，更是因其独特的配方和造型而名噪一时。由于家酿之酒都是供自己享用，因此酿酒者对选料、酿造等整个制酒环节都精心备至，并且注意对以往经验的总结。比如，自号"五斗先生"的王绩病隐在家后亲自种植黍子，在春秋之际酿造美酒，并著有《酒谱》和《酒经》。一些具有酿酒传统的家族，更是形成了自己独到的酿酒工艺。

除了文人名流外，普通的农家也会在秋收之后酿一坛美酒，与友人"把酒话桑麻"。即便是在唐人眼中的蛮夷之地——岭南地区，也逐渐形成了符合自身区域特点的酿酒方式。

唐代酒文化的兴盛，不仅表现在全民酿酒，还表现为一批优良酒品牌的推出。其中最著名的，莫过于杏花村酒。杜牧"借问酒家何处有，牧童遥指杏花村"的诗句，更是让杏花村的美酒千古流传。在这一时期，宜城酒、醽醁酒、九酝春酒、桑落酒等传统名酒仍然流行，酴醾酒、广陵酒、葡萄酒等新兴酒品也大放异彩。尤其是唐人还将食疗养生的观念纳入饮酒之中，于美酒之中加入各具保健效果的材料，如加入椒、柏而成的椒柏酒，加入松膏酿制的松醪酒以及用中草药调制、具有避邪去疾功效的屠苏酒。

三、婚丧习俗

唐人一生的重大礼仪主要有五种：诞生礼、冠礼、婚礼、寿礼、葬礼，其中婚丧二礼最为重要。

与今人一样，唐人也有着自己的一套择偶标准。总体说来，唐人的择偶标准从精神层面说注重门第与礼法，从现实条件而言注重资财与功名。

对门第的注重是唐代婚姻的基石，不同阶层的男女是不能通婚的。即便是处于同一阶层，若门第不对等，其婚配也被认为是不合礼法的。此外，对于礼法、妇道的恪守，是当时士人选妻的一个重要标准，唐代公主难嫁就是一个例证。与我们常人想象当中的"天子的女儿不愁嫁"恰恰相反，唐代公主乃至县主都是婚配中的老大难，许多能够与皇室门当户对的人都不愿意娶公主为妻。究其根本，是公主因出身高贵往往不守礼法、看轻妇道。我们所熟知的辩机和尚与高阳公主的私通，虽然最终以辩机被腰斩而告终，但这件桃色丑闻对高阳的夫家所造成的负面影响和内心阴影却是不可估量的，更何况高阳嫁给的是一代名相房玄龄的儿子房遗爱。

与之相似的还有著名的戏曲《打金枝》，讲的是对唐朝有再造之功的大将郭子仪之子郭暧因受不了升平公主的骄横而借着酒劲打了金枝玉叶的公主。由此可见，公主骄纵、驸马受气是当时成为乘龙快婿的普遍常态。此外，根据史料的记载，公主因为身份尊贵，因此在婚配之后不必向公婆行礼，公婆反而要向公主跪拜。公主若不幸先行离世，驸马则要如为父母服丧一般为公主服丧3年。种种不合礼法的规定都成为士人家庭不能接受皇室联姻的缘由，士人也往往将做驸马视为畏途，避之不及，以至于文宗发出了"我家二百年天子，可士大夫为什么都不愿与我结亲"的感慨。由此我们也可以看出，唐代社会特别是士人家庭，在选择婚配时，对懂礼法、守妇道是极为看重的。

对于金钱与地位的追求，在唐代也是人们选择婚配对象的重要条件。有钱人家的姑娘争相有人说媒，而穷人家的姑娘即使长得貌若天仙，即使有人有礼聘的想法，但知道其家庭情况后往往又打消了这种念头。如白居易曾作《议婚》诗："红楼富家女，金缕绣罗襦。见人不敛手，娇痴二八初。母兄未开口，已嫁不须臾。绿窗贫家女，寂寞二十余。荆钗不直钱，衣上无真珠。几回人欲聘，临日又踟蹰。"白居易此诗便讽刺了当时攀高结富、贫女难嫁的婚俗，说有钱人家的姑娘，衣服为金丝所绣，即使年龄还小才16岁出头，母亲和兄长还没有让其出嫁的念头，但有许多人给其说媒很快就出嫁了；反之，穷苦人家的姑娘，头戴荆枝制作的髻钗，衣服上也没有绣珍珠，20多岁也没有人提亲，几回有人想要提亲礼聘，但临了还是犹豫不决。所以贫家女子只能眼睁睁看着邻家富女早早出嫁，而自己却苦苦待嫁闺中。

在这种恶俗观念的影响下，一些位高权重的官僚，就将嫁女变成一种敛财的手段，这便是唐人所谓的"卖婚"。唐高宗时期的宰相许敬宗就爱财如命，他有两个女儿，其中一个远嫁到岭南给蛮人首领冯盎的儿子做媳妇，另外一个嫁给当初以罪没为官奴的监门将军钱九陇，从中得到数十万的聘礼。许敬宗的儿子娶了尉迟恭儿子尉迟宝琳的孙女，就是贪图尉迟家的金钱。唐玄宗、唐肃宗时期的宰相房琯，他的长子房乘从小双目失明。之后房琯罢相任汉州（今四川省广汉市）刺史，用重金为房乘聘娶了汉州司马李锐的甥女卢氏。卢氏的家长便有"卖婚"的嫌疑。针对这种风气，唐高宗曾专门下诏对官员利用嫁女来敛财的风气进行限制，规定三品以上之家，不能收绢超过300匹；四品、五品，不得超过200匹；六品、七品，不得超过100匹；八品以下，不得超过50匹。但根据唐后期的情况来看，这种风气并没有得到遏制。

当然，郎才女貌从古至今都是择偶的重要标准。"郎才"在唐代可以指有无功名，尤其指是否中进士科。唐代的新科进士不仅流行雁塔题名，而且还能享受官方曲江宴饮的待遇。《唐摭言》记载这一天就成为公卿家族选择女婿的日子，造成"车马填塞"的场面。此外，颜值的高低在择偶时也占据主要地位。爱美之心，人皆有之，因此唐代也是一个"看脸"的时代。如盛唐时期的著名诗人崔颢，"娶妻唯择美者，俄又弃之，凡四五娶"，娶老婆就要美丽的，不久之后便舍弃再娶。一见钟情往往是由颜值决定的。如唐传奇名篇《李娃传》中就载荥阳公子见李娃第一面时就被吸引，原因是李娃长得"妖姿要妙，绝代未有"，就是说李娃长得风姿绰约、娇艳绝美、世上无双。唐代女子也往往有重貌轻才的。如晚唐时期宰相郑畋的女儿非常喜欢吟诵当时才子罗隐的诗，而且还单相思起来，幻想罗隐本人应该玉树临风、风度翩翩。有一天罗隐忽然到家中来拜访郑畋。郑小姐欣喜若狂，便躲在帘后偷窥令她朝思暮想的罗隐。万万没想到，罗隐是一位丑男。郑小姐见后大失所望，从此再也不吟诵罗隐的诗了。

唐代婚姻一般需要经过议婚与成婚两个程序。议婚就是所谓"父母之命""媒妁之言"。婚姻大事不能由自己做主而需要父母来确定结婚对象，之后两家再通过媒人来进行沟通。如果最后两家都满意，那么就进入婚礼准备阶段。

唐代的婚礼程序也需要经过"六礼"。六礼最晚从汉代以来就普遍举行，具体是指纳采、问名、纳吉、纳征、请期、亲迎。

纳采是男方托媒人带着礼物到女方家去提亲，如果女方家不接受，那么这门亲事就不能成。

问名是指男方家行纳采礼之后，女方家同意了，男方家再托媒人去询问女方的名字和出生年月及时辰，即所谓的生辰八字，以方便男方家来卜问双方能否结婚，吉凶情况如何。之后询问内容也在扩大，如女子的容貌、健康、嫡庶情况以及女方家的门第、官职、财产等多个方面。

唐太宗的城阳公主最初嫁给了杜如晦的儿子杜荷，后来杜荷因参与太子李承乾的宫廷政变而被杀。公主改嫁薛瓘（他们的幼子薛绍后来娶了太平公主），在出嫁之前，唐太宗特命人卜问了吉凶情况。卜人说一开始他们是幸福富贵的，但二人最终会有一个令人悲伤的结局，如果在白天举行婚礼那么他们二人会有一个好的结局。婚礼其实原本是"昏礼"，是举行于黄昏时候，取阴阳交替之义。当时的大臣马周反对这种改变习俗的行为，李世民采纳了马周的意见。巧合的是最终薛瓘被贬到环境恶劣的房州做刺史，城阳公主随他一起赴任。唐高宗咸亨中，薛瓘夫妇都死在房州，最后只有双柩还长安。

纳吉是指男方家行过前述二礼之后，在自己的家庙中卜问吉凶。得到凶兆，一般都是毁婚；如果得到吉兆，男方家就要备礼去通知女家，然后双方正式决定缔结婚姻，这就是现代意义上的订婚。

纳征又称为纳币。征，是"成"的意思。男方家在纳吉之后，派遣使者纳送聘礼至女方家，这也是成婚阶段最重要的礼仪。

纳征时候还需要附上"通婚书"，就是男方家长给女方家长写的问候和确定婚事的简短信函。内容大概是：我的儿子已经成年了，还没有婚配。知道您的姑娘长得很美丽，而且人品很好，因此希望两家结成好姻缘。我恭敬地托媒人来求婚。不知道您是否愿意，我在家中静候您的回答。女方家出于礼貌，也会回男方"答婚书"。内容大概是：我的女儿刚刚成年，还没有熟悉礼节。贵府的公子也尚未婚配，愿意和我们联姻。我们这是攀高枝呀。我也恭敬地托媒人传话，我们家怎么敢不恭敬地答应呢。这两份婚书都是套话，但却是法律规定的环节，这段婚姻就有了法律保障，如果再毁婚就会受到惩罚。女方家悔婚会被判打60杖；男方家悔婚不罚，但不能索回聘礼。

通婚书或答婚书都要使用好纸,楷书书写,要放在杨木或楠木的礼函中。礼函要用五色线分三道缠绕,而且尺寸也有讲究。通婚书要让函使和副函使来送达,一般会选择亲族中有官位、有才貌的两位青年担任。同时他们还负责将聘礼送给女方家。聘送队伍也有规定的排序,走在最前面的是押函的两匹骏马,不装马鞍和辔头,用青丝或青麻做成的笼头装饰,用红绿丝缠在马尾上;之后是放信函的车,由3个小女婢跟随;后面按序分别是五种颜色的绫罗等丝织品,捆为一束的五匹帛,放铜钱的车(用青麻穿一千铜钱为一贯),猪羊;再后面按序分别是用盘盛放的须面、野味、果子、油盐、酱醋、椒姜葱蒜等。函使的队伍来到女方家,要把聘礼陈列在中庭上,任由他人品评,并当众朗读婚书。交接礼结束后,女方家设宴款待聘送队伍,然后会有回赠和答婚书。

请期是指男方家将聘礼送到女方家,最终确定婚姻之事后,再占卜吉日来确定婚期,之后男方家派遣使者执礼品告知女方家婚期。此礼多用红纸来写迎娶日期和时辰,称为请期札书。为简化礼节,有时和纳征是同时进行的。

与现代社会一样,选择吉日成亲也流行于唐代。在唐传奇中就有这样一则故事:唐穆宗时期进士张无颇偶然获得了神药玉龙膏,当时南海龙王广利王的女儿患有顽疾，久治不愈。广利王就求到张无颇门下，请他出神药救自己的女儿。结果药到病除，广利王出于感激就将自己的女儿嫁给张无颇。之后广利王"遂命有司，择吉日，具礼待之"。故事虽然是虚构的，但是可以看出唐人择吉日结婚是一种必然的选择。

亲迎为六礼中最后一个环节，也是最烦琐的环节，简单说就是新郎亲往女方家迎娶新娘的仪式。

亲迎的时间是在黄昏时候，取"阳往而阴来"之义。新郎出发之前需要先祭祀祖先，要宣读祭文把新婚之事告诉先灵。女方在新郎到来之前也要举行祭祖仪式。新郎临亲迎前，父亲还会嘱咐道："去迎你的妻子吧，好生育子嗣、传宗接代！"新郎回答："是，不敢忘记您的嘱托。"

新郎来到女方家阶前时，迎候他的女父会三请其升阶，之后会举行一项郑重的仪式——"奠雁"。新郎会拿出事先准备好的雁作为见面礼。用雁代表两层含义：第一，雁是候鸟，来往南北，不失贞节；第二，雁是随阳之鸟，表达妻顺从夫。接下来就是"下婿"环节，新郎要遭到女方家亲友们的一番戏弄，有时候会用竹棍敲打新郎，有时候可能还会发生意外。据记载，在唐代有一次把新郎抬到木柜中，结果导致新郎窒息死亡。之后新娘就要准备出堂登车，但此时新娘需要梳妆打扮，于是这个环节就叫"催妆"。新娘迟迟不出，一来显得舍不得离开娘家，二来显得自己娇贵。新娘需要被多次催促，才肯出来登车。唐人注重诗赋之才，于是在此环节便诞生了催妆诗，一般是由新郎亲作，有时也背一首流行的模板诗。新娘离家之前，父母会训诫几句，说："以后你要谨慎做事，要尊敬夫家，不能违背他们的命令！"在临别之时，父母会将大方巾帕或帏帽等盖在女儿头上，成为"蔽膝"或"盖头"，其用意一方面是遮脸，另一方面是避邪。

新娘上车之后，新郎会骑马绕着车跑3圈。在准备启程时，还有"障车"环节，就是女方家人或者亲友会挡住车子，不让新娘离开，索要酒食甚至财物，作为戏乐之事。这种风俗最初可能有女方家对新娘出嫁的惜别含义，但后来逐渐演变成勒索钱财的一种方式。唐人无处不作诗，甚至在"障车"环节中有时还要以诗文助兴。

新娘到新郎家后，双脚不能履地，据说是为了避免冲犯鬼神，因此需要踩着准备好的毡席进门。由于毡席短而道路长，于是就需要一路来从后往前转移席子，唐代称为"转席"。新娘进门之前，公婆等人要提前从便门出去。等到新娘进门之后，再绕到正门，践踏新人的足迹入门。据说是为了踩压新娘的锐气，以免以后凌驾于自己之上，难以驾驭。举行婚礼的地方叫"青庐"或"百子帐"，这是需要提前占卜、选好位置用青布幔搭建起来的屋子。

之后婚礼开始迎来高潮。新娘被迎到夫家之后,会以扇掩面。亲友宾客会列坐观她的样子,不仅可以任意品评其衣着、相貌、身材,而且可以戏弄她。之后就是行拜堂礼,主要是夫妻对拜,不需要拜公婆。拜毕后,夫妻坐在床上,由一位或几位妇女撒金钱或彩果,这个环节叫"撒帐"。宾客们无论长幼,都争相拾取,为戏谑欢笑之事。

婚礼的最高潮是新婚夫妇行同牢和合卺礼。牢,指猪牛羊等。同牢就是夫妻在一起同吃一种食物,表示开始共同生活。卺,本是一种酒器。合卺就是夫妻在新房内同饮合欢酒。从宋代到现在都把合卺称为"交杯酒"。之后是合髻,新婚夫妇各剪下一绺头发绾在一起,表示白首同心的信物。这些礼节之后,还有去花和却扇两个环节。去花,其实就是卸妆。唐代女子头上的装饰非常多,尤其是花钗。却扇,就是新娘拿开挡面的扇子,这是她最后一层的"保护"。去花和却扇,都需要新郎吟诗,如果吟诵得不好,新娘可以拒绝,这就麻烦了。

关于却扇,还有一个有趣的故事。景龙二年(708年)的除夕,唐中宗夜宴群臣。酒喝到兴头之上,中宗对御史大夫窦怀贞说:"听说你夫人去世很久了,朕都为你忧虑啊!今天恰好是除夕,朕给你选一个新夫人吧。"窦怀贞只能拜谢感恩。不久,内侍们举着灯笼,打着金丝罗扇从西廊就上来了。扇后有一人穿着华丽的礼服,头上戴着花钗,让窦怀贞与她面对面坐着。窦怀贞心想,皇帝做媒肯定差不了,对面一定是一位美女。中宗让窦怀贞吟诵几首"却扇诗"。扇子撤去,女子去掉花钗换衣服再出来。群臣定睛一瞧,原来是韦皇后的老乳母王氏,长得又老又丑还浓妆艳抹。皇上与侍臣哄堂大笑。

却扇之后,就是"看花烛"或"看新娘"。此时此刻,新郎才能仔细看新娘子长什么样子,但即使相貌丑陋,这个时候也来不及反悔了。同时还要"闹洞房",戏弄新婚夫妻,这种戏弄有时有性启蒙的作用。然后就是安息就寝,新婚仪式就基本结束了。

唐人对丧礼的重视不仅有出于"孝"层面的表达,而且还有祖先崇拜的信仰。人去世之后似乎具有了神性,可以保佑子孙。于是丧礼举行的好与否就直接关系到自己或者子孙是否可以平安顺利。

唐长安的丧礼仪式虔诚而隆重。唐人在病人病危时,就开始脱掉他的衣服,由4个人分别捉着临死者的四肢,换上事先准备好的寿衣。家里不能再奏响音乐,而且内外要打扫干净。如果临死者有遗言就书写下来。然后将薄薄的新绵放在临死者的口鼻上,来验证还有没有呼吸,这被称为"属纩"。

在死者刚刚去世之后，会举行招魂仪式。3个招魂者，把死者上等的衣服搭在自己的左肩上，上正室屋顶，踩着屋脊，左手拿着衣领，右手握着衣腰，面向北，从西往东摇，同时还要大声呼叫："某某回来吧！"这就是招魂。呼叫3次之后，就停下来，把衣服丢在房前，之后覆盖在尸体之上。意味着魂已经附着在衣服上，披在尸体上魂就回到了身体内，人就可以复活。

唐代小说中就记载有招魂复生的故事。有一位姓韦的有钱人，家中有位很得宠的女伎，但她不幸早卒。韦富人伤心欲绝，听说嵩山任处士懂得返魂之术，就去求他。任处士拿着女伎的裙子面向内寝招魂，3次之后，忽然听到了哀叹之声，女妓便奇迹般地复活了！其实这种招魂故事未必真实，但是医学上认为人有假死的可能性存在。而且对于生者而言，一时难以接受死者去世的事实，也非常愿意相信死者是假死，举行一些仪式是自己给自己内心的安慰。唐代还有"招魂葬"和"招魂祭"。如一些战死疆场的将士或死在外地的人，家人得不到尸体，便用死者生前所穿的衣服招魂而葬。唐代诗人张籍《征妇怨》便云："万里无人收白骨，家家城下招魂葬。"

招魂后便是对尸体梳洗沐浴，像生前一样剪去鬓发和指甲。之后给死者穿上3套衣服，便开始举行饭含礼。"饭"是孝子不忍心死者生前可以吃东西而死后没有东西吃，就将粮食放在死者口中；"含"是死者口中含玉或贝，据说这样有益于死者的形体。饭含也体现了等级差别：唐代皇帝饭梁含玉；三品以上官饭梁含璧；四、五品官饭稷含璧；六至九品官饭梁含贝。唐初名将李大亮，由于生前清廉节俭，去世之后家中竟然没有可用于含的珠玉。

在死后的第二天早晨，举行小殓礼，就是正式为死者穿入棺的衣服。唐代有品级的官员小殓衣有19套、朝服1套，还有1个笏板。在死后的第三天举行大殓礼，就是将死者正式放入棺材，又称为入殓。孝子和亲友们再次瞻仰遗容，与死者做最后的诀别，然后就盖棺了。为什么是3天呢？一是等待死者复生，如果3日不复活那么就不可能复活了；二是为置办丧具丧服提供时间；三是等待远方亲友的到来。

唐代皇帝的停灵时间比较长，如高祖7个月、太宗4个月、高宗9个月、中宗6个月、睿宗5个月、顺宗7个月、宪宗6个月。时间如此的长，是因为皇帝的葬礼准备时间长，而且陵寝还需要完善，同时也是孝的一种表达。普通百姓经不起这么折腾，每日的花费恐怕都捉襟见肘，而且会影响正常的劳作，所以停灵时间一般都是3或7天。

唐代在停灵期间，也有一些讲究。首先要设灵堂，以供家人、亲友、宾客来吊唁。灵堂的地上会铺干谷草，孝子孝女们要坐卧在这个上面，这就叫作"守灵"。其次，皇帝和官员的葬礼上会在灵前竖起一个挑有绛色幡的竹竿，上写官职、称呼等，这叫作"铭旌"。官员品级不同，幡的长短和竹竿的形制不同。如皇帝的幡长二丈九尺，相当于现在的8.7米，将近三层楼高，可谓壮观，上书"某尊号皇帝之柩"，比如唐玄宗的铭旌写的是"开元圣文神武皇帝之柩"。三品以上的官员幡长九尺，四、五品是八尺，六品以下是六尺。上书"某官封之柩"，比如程咬金的铭旌写的是"骠骑大将军益州大都督上柱国卢国公之柩"。这作为一种葬礼上的景观，是死者生前等级的象征，而平民百姓不能用铭旌。

出殡也是唐代葬礼中最为烦琐的环节之一。官员出殡时要使用其生前所用的仪仗，即卤簿，外加孝子贤孙等等，可谓"人多势众"。围绕灵车，有"引"和"披"。"引"是指挽郎要挽着牵引灵车的绳索；"披"是指用布系在灵车四边的柱子上，在四周有人拉着以防发生倾斜等意外。在唐代葬礼上还能看到"翣"。翣形似大扇，用来障车，宽二尺，即60厘米左右，高二尺四寸，近似方形。翣柄长五尺，灵车行动时有人举着随行。此外，在沿途中还要由挽郎来唱挽歌，也就是哀歌，有时候会雇佣职业唱挽歌的人来参加。官员还配有"铎"，来为挽歌配乐。引、披、翣、铎也是官员才能使用，普通百姓不能僭用。唐代一品官有引四、披六、铎十六、翣六；二、三品官有引二、披四、铎十二、翣四；四、五品官有引二、披二、铎八、翣四；六品以下官有引二、披二、铎二、翣二。

唐代的丧服也很有讲究，主要是根据与死者关系的亲疏远近而穿五种丧服。现代社会已经很难感受到什么是"五服之亲"，在唐代这种"亲"的感觉是由丧服体现的，所以通过丧服我们更能理解古代所谓的"宗族"。五服非常复杂，下面简单讲讲。

第一是斩衰（cuī），主要是儿子为父亲，女儿还没有出嫁的和已经出嫁又由于离婚或其他原因回到本家的为死去父亲而穿的丧服。斩衰要服丧3年，丧服就要穿3年。此丧服是由最粗的生麻布做成，不能修外露的衣边。之后随着丧服降等，制作材料和手段会得到改善。

第二是齐衰（zī cuī），齐衰又分为五等：服丧3年，主要是儿子在父亲在的情况下为母亲穿的丧服；服丧1年，其间手里拿丧棒，主要是作为祖父的继承人，祖父在为去世的祖母穿的丧服；服丧1年，不拿丧棒，主要是为祖父祖母，为伯父叔父，为兄弟，为嫡长子以外的儿子，为兄弟之子和女儿在家未出嫁和出嫁的，为嫡孙，等等；服丧5个月，主要是为曾祖父母及其女儿在家和已出嫁的；服丧3个月，主要是为高祖父母及其女儿在家和已出嫁的。

第三是大功，又有两种区别：16岁至19岁死亡的称为长殇，服丧9个月；12岁至15岁时死亡的称为中殇，服丧7个月。主要服丧对象是：儿子、女儿的长殇、中殇，为叔父的长殇、中殇，为姑、姐妹的长殇、中殇，为兄弟的长殇、中殇，为嫡孙的长殇、中殇，等等。

第四是小功，服丧5个月。主要服丧对象是：儿子、女儿8岁到11岁就夭折的下殇，为叔父的下殇，为姑、姊妹的下殇，为兄弟的下殇，为嫡孙的下殇，等等。

第五是缌麻，服丧3个月，主要服丧对象是伯叔父的儿子、女儿的中殇、下殇，非嫡孙的中殇、下殇，为兄弟之孙的长殇，等等。

第九章 佛道仙怪

——唐长安城的宗教信仰与民间信仰

唐代的空气中，弥漫着宗教的气息，那种感受我们已经很难去感知，但如果研读唐代的笔记小说，还是能感受到宗教信仰、民间信仰对唐人日常生活的影响。

一、长安城内的佛寺

佛教是唐代最为流行的宗教，唐代也是佛教发展的鼎盛阶段。唐朝皇帝，除唐武宗外，其余皇帝对佛教多采取保护政策。由于佛教有广泛的信仰基础，因而对王权也产生过至关重要的影响，如高宗、武则天、中宗、睿宗都提倡和利用佛教。隋唐佛教文化繁荣，寺庙规模日益壮大，多种宗派的创立体现了思想的活跃，佛教哲学直接影响到了宋明理学，文学影响多体现在佛经、俗文学与诗文上，艺术则表现在以敦煌为代表的壁画、佛塑堪称精美绝伦，今天所保留的唐代建筑都是佛寺。佛教更使唐人的日常生活受到"润物细无声"般的影响，佛寺成为听戏的娱乐空间或医疗场所，盂兰盆会成为重要节日，更遑论轮回、因缘、报应、烦恼、世界等佛教观念成为唐人的日常用语。

敦煌莫高窟藏经洞《药师佛》

佛教在汉朝传入中国，并没有得到很大规模的发展，仅仅是在上层流行。进入魏晋南北朝时期，统治者大多信佛，使佛教得到了突飞猛进的发展。之后转入隋唐，佛教发展的势头并没有减弱，不只上层贵族，本土化的佛教也得到了民间百姓的支持。虽然在会昌五年（845年），唐武宗大肆灭佛，却也明令保留了长安城内的4座寺院，即大慈恩寺、荐福寺、西明寺、庄严寺，由此可见此4座佛寺在唐代长安的重要地位。本节将重点介绍此4座寺庙的发展沿革。

大慈恩寺是长安最著名且最辉煌的佛寺，北魏曾在这里修建净觉寺，隋文帝又在净觉寺遗址上修建无漏寺。贞观十年（636年）六月，唐太宗的皇后——文德皇后长孙氏逝世，十一月葬在昭陵。贞观二十二年（648年）六月，极度思念母亲的太子李治，感念其一心"思报昊天，追崇福业"，于是下令在唐长安城故净觉寺的晋昌坊修建新寺，为文德皇后祈福，报养育之恩，故取名为大慈恩寺。经过细致的考量，确定了"像天阙，仿给园"的建造方案。其中用料不计成本，朱玉丹青、橡樟、梓桂等原料均十分珍贵，装饰也极尽豪华，建成共有10余院1897间，规模之大可以想象。十月，太子又奉太宗旨意，征召了300名僧人填充寺院，唐太宗正式赐名大慈恩寺。待到翻经院建成后，圣僧玄奘受命前来主持大慈恩寺。十二月，由唐太宗为玄奘举行了入寺升座仪式,由于玄奘是汉传佛教唯识宗的创始人,常在此翻译佛经,所以大慈恩寺也成为唯识宗的祖庭和唐朝长安三大译场之一。

唐高宗永徽三年(652年)三月,玄奘向高宗提出另建一座石塔的想法,目的有三:其一是为了保护并保存从西域取回的经像;其二是使其作为释迦牟尼的古迹,让人瞻仰;其三是为了彰显大唐雄风。这一请求得到了唐高宗的欣然同意,并提出一切人力财力均由宫廷负责,但是石塔改为砖塔更为合适,可建在大慈恩寺西院。塔建成后,整体为印度样式,塔基呈方形,分五层,层层有舍利子。经像藏在塔的最上层石室,塔下层有两碑,一座为唐太宗亲撰的《大唐三藏圣教序》,一座为唐高宗为太子时所撰的《述三藏圣教序记》,均由褚遂良书写于上,被称为"二圣三绝碑"。此塔便是大雁塔,是现存最早的、规模最大的唐代四方楼阁式砖塔,也是佛教东传并中国化的见证。

荐福寺在长安城安仁坊(今西安市永宁门外友谊西路),建于唐睿宗文明元年(684年),同样与唐高宗有关。建寺前,这里曾是时为晋王的隋炀帝的旧宅,也是唐中宗做英王时的府邸,故称为"潜龙旧宅"。唐睿宗是唐高宗和武则天的儿子,文明元年(684年)三月,时为太后的武则天提出征度200名僧侣为驾崩百天的唐高宗建寺祈福,并赐名大献福寺。该寺由寺院和浮屠院组成，寺院在开化坊，门朝南开，浮屠院在安仁坊，门朝北开，两大门隔街相对。就连长安最大的寺庙大慈恩寺也只有僧侣300人，可见大献福寺的气势和规模不容小觑。载初元年（690年）九月，武则天下令改"大献福寺"为"大荐福寺"，并亲书"敕赐荐福寺"寺额。随后，唐中宗怀着对父亲的怀念和对旧居的留恋之情，屡次修筑荐福寺，并不断亲临祈福，还特地请来律宗大师道岸"纲维总务"，命其与工部尚书张锡监造荐福寺，博施慈济。后来，又经后宫筹资，在荐福寺南面的安仁坊另辟地方修建了高15级的寺塔，即小雁塔。在唐中宗时期，荐福寺的地位和规模得到空前提高，甚至在会昌灭佛期间，荐福寺都凭借唐高宗和武则天的影响力得以幸免，留僧30人。唐朝末年，荐福寺毁于战乱，屡经宋、元、明、清修整才保存至今。

西明寺在长安城延康坊（今西安市白庙村附近），原是隋朝权臣杨素的故居，据说在唐初也曾是万春公主的宅院，后又成为唐太宗第四子魏王李泰的府邸，魏王去世后，被官府买得建为福寿寺。唐韦述《两京新记》云："（西明寺）本隋尚书令、越国公杨素宅，大业中，素子玄感诛后没官；武德初，为万春公主宅；贞观中，赐濮恭王泰。泰死后，官市立寺。"唐高宗显庆元年（656年），高宗的第五子、武则天的长子，年仅4岁的孝敬太子李弘大病初愈，高宗下令改福寿寺为西明寺。西明寺落成之时，唐高宗亲自参加了典礼。苏颋的《唐长安西明寺塔碑》载：唐高宗"赐田园百顷，净人百房，车五十两，绢布二千匹，征海内大德高僧，有毗罗、静念、满颢、广说、鹏耆、辩子、骛子、知会凡五十人"。大唐玄奘法师为先期选中的150名童子主持了剃度出家。西明寺落成仪式之盛大非比寻常，是有唐一代史书记载中规模最大的寺院。后来武则天把西域珍宝青泥珠赐给西明寺。章怀太子李贤则为此寺铸造了万斤铜钟。西明寺建筑风格为仿天竺祇园，有院落10座，房屋4000余间。道宣《大唐内典录》卷五《皇朝传译佛经录》记载："奕奕焉，耽耽焉，中国之庄严未有，《大荒》之神异所绝。"寺中琉璃砖瓦，藻井壁画，碑刻书法都算是艺术珍品，有"初唐四大家"之一的褚遂良、"大小欧阳"的小欧阳欧阳通、唐玄宗朝南薰殿学士刘子皋的真迹，又有柳公权书《金刚经碑》，文化底蕴极尽丰厚。

如果说唐长安是丝绸之路上东西方文化交流的中心，西明寺则是东西方佛教文化的交流中心和重要的佛经译场。除了日常祈福祷告外，西明寺还吸引众多得道高僧前来翻译佛经，例如玄奘、道宣、道世、慧琳等。圣僧玄奘是西明寺首任上座，是佛教唯识宗的鼻祖，唐高宗显庆四年（659年）十月，玄奘携大德及门徒翻译了《般若经》。道宣是律宗的创始人，继任玄奘成为上座，撰有《四分律删繁补阙行事钞》《广弘明集》《续高僧传》《集古今佛道论衡》《大唐内典录》等。法师道世以五十大德之一入住西明寺，撰有《法苑珠林》等。来自西域疏勒国的慧琳，在西明寺撰成《一切经音义》。除了本土法师外，还有很多从异域慕名而来的僧侣和教徒，有来自佛教发源地印度的"开元三大士"——善无畏、金刚智和不空，来自日本的空海，来自朝鲜的留学僧神昉、圆测、胜庄等。西明寺也是唐朝御造经藏的国家寺院，藏经十分丰富。寺内藏有唐代最早也是最丰富的佛教典藏——"西明藏"，即《大唐大慈恩寺三藏法师传》卷十和日僧槃谭《新雕慧琳藏经音义纪事》等。显庆年间，唐高宗下诏命令西明寺写经一部，藏在西明寺菩提院东阁，号称"一切经"。寺中藏经对于研究唐朝佛教发展情况十分重要，是大唐佛教中外交流的标志。

世界现存最早有纪年的雕版印刷品《金刚经》（局部）卷末有题记云："咸通九年四月十五日，王玠为二亲敬造普施。"1907年斯坦因从敦煌藏经洞获取此经卷。现藏英国国家图书馆。

庄严寺历史悠久，建寺起因可以追溯到隋朝。隋文帝仁寿三年（603年），隋文帝怀念深爱的文献皇后独孤氏，为替皇后祈福，修筑了禅定寺。禅定寺的设计师是隋朝著名建筑家宇文恺，"以京城之西有昆明池，地势微下，乃奏于此寺建木浮图。崇三百三十尺，周回一百二十步"，遂在永阳坊、和平坊占地60公顷建成。大业三年（607年），隋炀帝为逝世的父亲隋文帝修寺祈福，赐名大禅定寺，紧邻禅定寺，就连规模都大致无异。到了唐朝武德元年（618年），根据隋文帝法号"总持"和文献皇后的法号"庄严"，改"大禅定寺"为"大总持寺"，改"禅定寺"为"大庄严寺"。

作为皇家寺院，庄严寺规模和气势堪称当时长安之最。"殿堂高耸，房宇重深，周闾等宫阙，林圃如天苑。举国崇盛，莫有高者。"同西明寺一样，庄严寺蕴含的文化内涵也不容小觑。寺内壁画别具匠心，很多出于名家之手，比如"画圣"吴道子之徒卢棱迦、尹琳等。寺内环境也幽远别致，密竹翠松，垂阴擢秀，是乘凉避暑的好去处。唐中宗就曾在重阳节于此设宴款待群臣，与会者传送吟唱，御赐菊花酒，一片其乐融融和谐之景。寺内有总持塔、庄严塔两木塔，建筑风格相似，均为7层，高度一致，约百米。相比大雁塔的64米，木塔总持塔和庄严塔的百米高度确实让人惊叹不已，实属罕见。大历十年（775年），大庄严寺遭遇雷击起火，竟然无所损伤，也是奇事一桩。

大庄严寺除了基本的剃度僧人、布施供养等佛教功用外，还是唐朝王室举行各种贵族宴请、法事斋会等活动的重要场所。唐中宗在此度过重阳佳节，唐武宗灭佛时也保存此寺，唐宣宗也大力褒扬"复殿重廊，连甍比栋，幽房秘宇，窈窕疏通。密竹翠松，垂阴擢秀，行而迷道。天下梵宫，高明寡匹"，唐懿宗后"敕于两街四寺各置戒坛"，可见庄严寺长时间内屡居高位，备受推崇。

长安作为唐朝的政治经济文化中心和佛教交流的中心，佛寺自然不只大慈恩寺、荐福寺、西明寺、庄严寺，还有化度寺、镇国寺、慧日寺、千福寺、招福寺、甘露尼寺、永寿寺、青龙寺、菩提寺、永定寺、玄法寺等寺庙，无论从历史角度还是宗教方面，都是极为重要的研究对象，其身所被赋予的美好向往和精神寄托也值得我们珍惜。

二、长安城内的道观

道教教主老子在唐朝被认为是李唐王朝的先人,道教也就有了"皇家御用"的身份,发展程度超过前朝。隋末大起义之际,道教道士和女冠多次辅助李渊,隋炀帝大业十三年(617年),终南山道士李淳风预言"唐公当受天命",后楼观道士岐晖也响应李渊起兵,称其为"真主""真君",并大力资助李渊女儿平阳公主在终南山的队伍。待到唐朝初创,唐高祖武德三年(620年),传闻老君在羊角山显灵。《唐会要》卷五〇《尊崇道教》记载:"武德三年五月,晋州人吉善,行于羊角山,见一老叟,乘白马朱鬣,仪容甚伟,曰:'谓吾语唐天子,吾汝祖也。今年平贼后,子孙享国千岁。'高祖异之,乃立庙于其地。"之后,李世民派遣杜昂前去祭祀,并确定了老子与李唐王室的关系。唐代帝王视道教为"本朝家教"或"皇族宗教",始终扶植与崇奉道教。武德八年（625年）,唐高祖下诏宣布："老先,次孔,末后释宗。"道教居三教之首。

唐代全国各地兴建道观的趋势大起,根据史料记载,隋朝末年,长安城内有道观10座,虽然初唐废掉两座,但是纵观整个唐王朝,曾修建道观54座。在开元和天宝年间修建道观蔚然成风,达到一个高峰,一座道观人数最多时有道士200余人。推算可以得出,长安道观最盛时,全城道士有3000人左右。唐朝修建道观的用途,大致有三方面:一是祭拜道教仙师,巩固统治;二是为皇室贵胄祈福,以表纪念;三是一般性道观。

崇拜道教仙师,从唐朝初年就开始出现,多是为了证明李唐王朝统治的合情合理。各地在羊角山传说之后,都纷纷效仿,上书何地何时会出现老子或是老君显灵,"证实"是真的之后,多会在当地建设道观或者设立碑刻来纪念此事。发展到唐玄宗一朝,对老子的崇拜掀起高潮。开元二十年（732年）,唐玄宗亲自为《老子》做注解,并颁行于天下道观之中,其后也命令百姓家中常备《老子》,在科举考试中加重《老子》的分量。开元二十四年（736年）,唐玄宗又擢升道士和女冠为皇室宗亲,隶属于宗正寺。开元二十九年（741年）起,朝廷又屡屡得到老子显灵的消息,玉像、画像、灵符、刻石甚是风靡,长安大宁坊建起玄元庙,华

任仁发《张果见明皇图》（局部）

清宫朝元阁改名降圣阁也是在这一时期。天宝年间，老子的封号层层拔高，到了天宝十三载（754年）获得至高称谓，加尊号为"大圣祖高上大道金阙玄元天皇大帝"。

老子和李氏皇亲的关系"确定"之后，道观多了宗教功用之外的功能——为逝世的宗室祈福，寄托哀思和怀念之情。显庆元年（656年），为给驾崩的唐太宗李世民祈福，遂在长安城保宁坊修建了气势恢宏的昊天观。唐玄宗时期，为了追念唐中宗的昭成皇后和肃明皇后，在亲仁坊改建了坤仪庙；为替昭成太后祈福，玄宗又下令在颁政坊改建了昭成观。大历十二年（777年），唐代宗为替女儿华阳公主祈福，将永崇坊剑南节度使府改为宗道观，即华阳观；第二年，为了替父亲唐肃宗追福，又下令在长兴坊修建乾元观。以上道观的修建是为了替逝世的皇室成员祈福追思，现世的皇亲常来烧香祭拜，也宣传了道教和道观的文化和名声。

除了修建道观祈福，公主入道成为唐朝一大特色。唐朝妇女地位相比其他王朝确实有所突破，加上唐人多"畏尚公主"，公主们的人生多崎岖，因为各种原因入道的不在少数。最先出家入道的当属唐高宗和武则天的女儿太平公主，太平即道号。仪凤二年（677年），来自吐蕃的使臣向唐高宗求亲，希望迎娶太平公主，爱女心切的高宗和武后自然舍不得，同时又要顾及两国邦交,遂让太平公主入道,在长安城大业坊修建了太平女冠观供其居住。景云元年(710年),唐睿宗女儿西城公主和昌隆公主请求出家入道,睿宗不忍离别,于是特在辅兴坊修建两座道观,两公主也改道号为"金仙""玉真",但仍然享有公主称号和俸禄。睿宗驾崩后,两公主不愿继续享有公主待遇,遂向唐玄宗提出请求离开长安彻底出家,玄宗万般无奈之下,又修建了玉真公主山庄、玉真仙人祠、仙台观、仙姑观作为两公主修炼的道观。唐玄宗的女儿新昌公主、长女永穆公主也先后入道,唐玄宗修建了新昌观和万安观供其参悟得道和生活。

有人欢喜有人愁,其中也不乏没能如愿入道的公主,她们往往将府邸改装成道观,以圆自身的入道夙愿。唐中宗的女儿长宁公主出嫁之后,就把崇德坊和道德坊的两处宅邸改为了景龙观和开元观;新都公主的宅邸,在唐玄宗时期被改成了玉芝观。唐睿宗的女儿蔡国公主也将通义坊宅邸改成了"花里可怜池上景,几重墙壁贮春风"的九华观。受到公主入道捐宅的影响,唐朝其他贵族也积极效仿,有些是出于自愿、真心信奉,有些则是为了阿谀奉承、趋炎附势而已。唐玄宗时期道教大盛,权臣李林甫、杨贵妃的姐姐和大宦官高力士也把私宅改成了嘉猷观、太真观和华封观。真如白居易所说:"假使居吉土,孰能保其躬?"

一般性的道观最常见。信仰本属于个人行为,却也难免受到国家干预。一方面宗教作为一种文化或者说是意识形态，必然要受到统治者的掌控和国家干预；另一方面，道观的修建必然要经过唐朝政府的批准和支持。所以，无论物质层面还是精神层面，道观的存在及如何发展，既是宗教史中不可缺少的一部分，也是当时王朝统治理念的反映。

长安城虽然是古代城市建设的显著代表，但是与现代城市相比，还是缺少了一般的文化娱乐场所。道观和佛寺除了宗教功能，便承担起了文化功能。尤其是昊天观、玄都观、开元观、景龙观、玉真观、九华观等规模较大的道观，更是文化活动的中心。文人才子在这里讨论道学，以文会友，就算对道学认识深浅不一，也不妨碍他们进行切磋交流。例如玄都观就曾"帝城豪杰，戚里贵游，仰喻马之高谈，挹如龙之盛德"，甚至从不信仰宗教反对迷信的张籍也写下《同韦员外开元观寻时道士》的诗篇，"昨来官罢无生计，欲就师求断谷方"。文人骚客多有以道教为题材的作品产生，唐玄宗就有《过老子庙》《赠道士邓紫阳》《答司马承祯上剑镜》等诗歌。除了一般的文人，身为"皇家宗教"的道教也是士大夫聚集的地方，许敬宗、张九龄、苏颋、白居易等都有与道观相关的诗篇流传，"官小无职事，闲于为客时。沉沉道观中，心赏期在兹"。道观也是宴请娱乐的场所，"或命余杭酒，时听洛滨笙"，甚至还有玉真观张观主下小女冠阿容等此类女冠出席宴请来助兴;也有在道观里送别的,如《九华观宴钱崔十七叔判官赴义武幕兼呈书记萧校书》;还有在道观里度过佳节的,如上巳节、春日赏花等。可见,道观无论在贵族还是民间都占有不可替代的地位。

三、长安城内的民间信仰

宗教信仰之外，还有民间信仰影响着长安人民的精神世界和日常生活。民间信仰的基础繁多，最基本的便是万物有灵、灵魂不灭。从祖先崇拜衍生来的对神仙和鬼魂的景仰和畏惧，渐渐构成了民间信仰系统。在唐朝，祭祀大典似乎只是帝王或者皇家才可以享受的特权，但是这并不能代替民间百姓的信仰和心意。唐朝民间信仰有对前朝信仰的继承，也有结合当朝情况发展的新信仰。

长安城内的华山神被皇帝和百姓赋予诸多神仙职能。

泰山是五岳之首，泰山封禅更是古代王朝祭祀的大事，但是在唐朝却发生了些许变化。武则天时期，册封中岳嵩山并举行了首次封禅，是历史上少有的泰山之外的祭祀大典。天宝九载（750年）唐玄宗，决定到西岳华山举行封禅，虽没能如期举行，但是华山的地位却因此提高。华山还是唐玄宗的本命所在。《旧唐书》卷九九《李适之》记载，李林甫为陷害宰相李适之，曾对他说："华山有金矿，采之可以富国，上未之知。"李适之"心善其言，他日从容奏之"，唐玄宗大悦，又咨询林甫。李林甫对曰："臣知之久矣。然华山陛下本命，王气所在，不可穿凿，臣故不敢上言。"唐玄宗生于垂拱元年（685年），干支纪年是乙酉年，是鸡年，所以唐玄宗属鸡。唐人认为酉位居西方，五行又属金。华山为西岳，又富金矿，所以华山是唐玄宗的本命和王气所在。

以上是统治者层面封禅的变化，与民间的信仰还是相去甚远的。百姓对于华山的信仰并不存在"报天之功"等如此重大的心思，华山神最让人信服的是能够预测人的祸福吉凶。《旧唐书》提到裴寂时就记载了华山神对其仕途的短暂预测，虽然很可能是后人杜撰，但也是唐朝大背景下的共同认知。《隋唐嘉话》中还记载了李靖向华山神询问自己未来官至何职的故事。"卫公始困于贫贱，因过华山庙，诉于神，且请告以位宦所至，辞色抗厉，观者异之。伫立良久，乃去。出庙门百许步，闻后有大声曰：'李仆射好去。'顾不见人。后竟至端揆。"此外，华山神还有送子的神通能力，《太平广记》中记载了举人张克勤、佛教徒元方的哥哥都曾参拜华山神求子,"果生一男"。

过度的敬畏有演变为畏惧的可能,神通广大的华山神也被人们授予了不可触犯的"霸王神"的形象。史料中多有华山神强抢民女、略显好色的记载,遇到美人多"使来逢迎"押回华山,而百姓只有请求华山的老大哥泰山或者法术高强的人来进行化解。

民间信仰更多是农耕文明的产物。我国农耕文明历史悠久,在古代更是实行重农抑商的政策。土地地位自然不容小觑,在生产力低下和科学水平不高的情况下,人们只有依靠祭祀或者祈福来应对自然界无法解释的现象,对土地和城隍的崇拜就显得理所应当了。

在古代社会,土地神最早只是掌管土地和粮食丰歉,随着社会机构的发展和完善,被赋予了更多的职能。所谓"贤者子孙,宜有地也",土地成为社会财富和国家基础的支撑,而在土地基础上发展起来的乡官,是王朝统治的末端基础,土地也就被间接赋予了保境安民的重要职责。到了唐朝,土地神信仰的一大特点就是普遍性,无论在坊里、寺庙还是府衙附近,都能看到土地神庙或是相关活动。土地神最基本的职能似乎跟农村联系更为紧密,但是在繁荣的唐朝,城市人民在基本满足了温饱的情况下,土地神信仰也深入了城市居民心中。根据《酉阳杂俎》记载,礼泉县尉崔汾仲兄就在长安城内的崇贤里见到过土地神,推广可知城里的其他坊市应该也有土地神存在,便是"尔辈各为一坊土地神"的反映。土地神作为可以独自保佑一方神祇的同时,一些小土地神也因为"权力"有限,受到道教道士的"管理"。随着人们对土地神的"司空见惯",土地神的权威也受到了挑战,在有些笔记小说中,可以看到土地神的地位十分卑微,甚至有些还饿得面黄肌瘦,需要道士的救济。

与土地神联系较紧密的是城隍神。"城"是垣,"隍"是城河,是城邑最基本的防御。最早的祈祷城隍神保佑一方的记载在六朝时期,唐朝时的城隍神同土地神一样被广泛接受,职能也进一步扩大。城隍神最基本的职能是保护城池,庇佑一方百姓安宁,如开元年间,滑州刺史韦秀庄就收到紫衣朱冠的城隍神显灵发来的战事提醒。城隍神还有降雨止雨的职能,每逢人间遭受大旱或者水涝,人们就会举行祭奠,祈求城隍神保佑,停止或者减少自然灾害,韩愈、李商隐、杜牧等诗人都曾作过祭文。城隍神有时也被认为是灾害的罪魁祸首,被人们埋怨甚至威胁恐吓,《续神仙传》中的宋玄白就掌握着飞钉城隍神眼睛的法术。在这一时期,城隍神也走向人格化,由历史名人充任,例如东晋时修建了宣城第一座城池的桓彝,在唐朝就被认为是城隍神的继任者。

唐朝开放的社会风气之下,还有一位掌管土地的女神——后土夫人。唐代陈翰的《异闻集》记载：武则天时期，有道士韦安道受到后土夫人的青睐，成为其如意郎君。随后，后土夫人为助韦安道仕途顺利，特招来武则天的灵魂进行劝说，之后韦安道便被封为了魏王府长史，享尽荣华富贵。虽然传说是关于后土夫人的感情生活的，但其真正的职责是掌管墓葬，在《大唐开元礼》中有"谨以清酌脯醢，祇荐于后土之神"的记载，可见在唐朝的葬礼仪式中，对后土夫人的职能是极为认可并推崇的。当然也可以从侧面反映出唐朝对妇女的尊重和神祇权力的进一步细化。

《山海经》中记载了林林总总的怪物，多是外在超过了人们的认知且内在拥有特殊能力的物种。怪可以分为自然之怪和人为之怪。自然之怪多指动植物，有"若魇三千人，当转为狸"的千年老鼠，有不畏惧唐太宗威严反怕道士方术的狐狸精，有"短身缩项，著朱衣"的枯干螃蟹，有"高百余尺"的柳树精，有"叶类人手"的葡萄树精，甚至还有水银成精的传说，可谓光怪陆离，无所不有。而人为之怪，多指人造之物，如"长不尽尺，露发，衣黄"的毛笔精，有"问其所为，立而不对"的车辐精，"庞眉白首，髭髯如雪，着皂绿素袍"的银铤精等。唐朝的怪多深入日常生活，且年纪较长，动辄百年千年，"物老则为怪"。而他们与人间的联系多是欲加害于人却难以成祸，这大概也反映出他们与厉鬼的差别。尤其值得注意的一点是，唐人的小说中常有狐狸成精成怪的记载，一方面与狐狸本身的"妖媚"特征分不开，另一方面也体现出唐朝胡人大量涌入中原对民间观念的影响。

通过对华山神、土地神、城隍神、后土夫人的分析，可以看出唐代民间信仰具有一定的特点。首先，神怪品性复杂，并非只有大善大恶两种，多是本善的同时也避免不了"小恶"的存在，例如华山神爱女色、城隍神为祸人间等。多重品性反映出民间信仰流传多变，融合了时代和空间的特征，也反映出复杂人性在塑造神怪时的体现。其次，民间信仰具有很强的目的性。无论在大系统中的神怪职能为何，在民间信仰过程中多会结合本地特色和信仰人的愿望加入新的神力，例如华山神可以预测人生和送子。在人们观念中的神怪是法力无边且可望不可即的，也就扩充了想象的边域，也反映出人类在面对一些当时无法解决的事情上的手足无措，甚至可以从侧面体现出神所处的方位对地位的影响，华山相比泰山更处于"天子脚下"，地位的上升不是没有理由的。再者，神怪地位"不稳"，原本香火旺盛的也可能被人遗忘。在神怪大系统内部，怪可修炼成仙。在各自种类的小系统中，神仙的等级也处于不断变化中，最后，民间信仰遇到宗教，或多或少都会受到其影响。在宗教中存在的神怪"借"给民间后，就换上了更加"亲民"的外衣，职能也多涉及百姓心灵最期盼、最无力的层面。

另外，唐代的民间信仰中越往后越突出人性，人性化的色彩在逐渐地加强，这就要放在中国帝制时代思想的发展脉络中去探寻原因。唐后期的民间信仰对人本身越加注重。最朴素的人权思想，在唐代民间信仰中已经有所体现，如对个人利益的追求与维护，对欲望的认可与满足，对平等、自由的渴望，从而影响到宋代文化，即陈寅恪先生所说的"华夏民族之文化，历数千载之演进，造极于赵宋之世"。无论是宋代的理学、心学，还是书画、文学上的发展，都是尊重人性、释放人性的结果。这种演进是渐变的，而唐后期处于重要的转折期。

结　语

　　梦回大唐，似乎是很多中国人的愿望。唐朝，是中国人无法磨灭的盛世记忆。谈到盛世，我们会想到汉唐；谈到文学，我们会谈到唐宋；谈到艺术，我们会讲到敦煌；谈到佛教，我们会说到玄奘；谈到服饰，我们会看到唐装。当有人问你，中国古代第一女强人是谁时，你的答案很可能是唯一的女皇帝武则天。当你到了海外，想起祖国时，你会去的地方是华人的聚居地——唐人街。开放包容、文化自信、国家富强、大气磅礴，各民族、各宗教和谐相处，将中华与夷狄爱之如一，这就是大唐帝国。

　　大唐帝国最重要的政治与文化符号就是长安城。汉与唐的都城都叫长安，但却不是同一座城。唐代长安城的前身是隋代的大兴城。隋文帝正式下诏营建新都。

隋代大兴城营建速度惊人，大约用9个月时间就建成。之后唐代虽有所改建和扩建，但在整体布局上未有大的改变。这座新的都城是中国历史上除北魏洛阳城外最大的城邑，总面积达84.1平方千米，是当时世界上最大的城市。在盛唐时期，长安城的人口突破了100万。棋盘结构，坊市布局，整齐划一。太极宫、大明宫的皇居之壮，体现着天子之尊。盛唐的大气磅礴之象，在长安城得到淋漓尽致的体现。

长安城是丝绸之路的东方起点，这座城以盛唐为载体，很好展现了"和平合作、开放包容、互学互鉴、互利共赢"的丝路精神。长安作为唐朝政治、经济、文化的中心，以其独有的魅力，吸引来自西面八方的异邦人士来此定居。其中，被誉为"来自文明十字路口的民族"——中亚的粟特人占了相当大一部分。长安不仅成为粟特商人的重要聚居区，也是异邦使臣、质子和随突厥降唐部落首领、子弟们的定居地，还有来大唐传播佛教、景教、祆教、摩尼教的僧侣信士。西市周边诸坊，成为重要的胡人聚居区。唐政府及唐人对他们没有歧视或畏惧，而是一视同仁，包容接受，甚至自由互婚。胡人、突厥人可以充当中央禁卫军将士，可以通过军功和科举入仕为官，甚至有一些胡人成为唐代重要的领军将领，这就是"和平合作、开放包容"。

日本为学习唐朝文化，200年间派出十几次遣唐使团,使团成员除包括大使、副使、判官、录事等官员外,还有医生、翻译、乐师、画师等各类随员。此外,每次还带有若干名学问僧和留学生。日本遣唐使引进唐朝典章律令,来推动日本社会制度的革新;汲取盛唐文化,以提升日本文化、艺术水平。汉籍佛经、唐诗汉文,都在日本传播与流传。唐朝的书法、雕塑、绘画、音乐、舞蹈等艺术,经过消化、改造,也融为日本的民族文化。因此,如今我们到了日本,通过建筑、饮食、艺术等仍能感受到唐文化的遗韵。日本留学生可以在中国做到高级官吏。学识渊博、才华横溢的阿倍仲麻吕(晁衡),就在唐朝先后做左春坊司经局校书、门下省左补阙、卫尉少卿、秘书监兼卫尉卿、左散骑常侍兼安南都护等官职。晁衡在作诗上很有造诣,与著名诗人李白、王维等结下深厚友谊。

长安,不是孤零零建筑的堆砌,不是冷冰冰文字的描述,而是"人"的城。长安,有权力、荣耀、生命、鲜血、信仰、火焰、呐喊、狂啸……这些就是这座城的历史魂魄。或许我们不能真正去捕捉、触摸到最真实的历史,但是我们不能忘却长安曾经的富丽繁华、歌舞升平、刀光剑影、血雨腥风。宫廷政变的动因是出于对权力掌控、生命延续、财富占据的渴望,但权力的游戏背后,只有成王败寇,这便是历史的另一张脸孔。

玄武门之变后的李世民,其内心是轻松还是悲痛,看似对父兄残忍无情的背后，也许有很多的逼迫与无奈。神龙政变后的武则天，独处深宫，摇曳的孤灯照耀着82岁老妇的银丝。她已懒于梳妆，以至于唐中宗再次见到母亲时，是那么的惊慌失措与痛心疾首。我们不知道武则天在最后的日子里，到底想过什么，对他的儿子又说过什么；我们只知道，她最后的选择是与她一生最爱的男子长眠于乾陵。

安史之乱时，唐玄宗狼狈地逃出了长安。这是唐朝皇帝第一次因战乱主动离开都城，但却不是最后一次。在难于上青天的蜀道上，唐玄宗可曾为盛世的崩塌或爱人的消逝而留下伤心的泪水。泾原兵变后，重返大明宫的唐德宗，他是否思考的是宦官的忠心与士大夫的诡诈。当冰冷的刀刃穿过唐宪宗胸膛时，他最后一眼是否是看到沾有鲜血的刀尖。他是否会留下热泪，不是为自己生命的完结，而是为元和中兴的不再。甘露之变后，600余中书、门下两省官吏和金吾卫士卒的鲜血，染红了大明宫的宫门与阑干。当他们的尸体陆陆续续被运出皇宫的时候，是否有宦官的咒骂与同情者的哀叹。唐昭宗被迫离开长安，当他转身最后一眼望这座城的时候，是否想到此一离开就意味着大唐基业的永逝。当黄巢的大军攻入长安，"内库烧为锦绣灰，天街踏尽公卿骨"时，长安，是否已经预感到灾难已经到来。

隋唐长安城，以她的不平凡缔造了隋唐300余年说不尽、道不完的历史。她具有与生俱来的"文化家"特质，体现着唐人对优秀文化、优越制度的自信与自豪，表达的是中华文化的大气度、大格局、大文明。

如果专门研究隋唐长安城，书中的每一章节都能扩展写成好几本书。而本书的性质是通俗为主，兼有一些学术性，阅读对象也主要是非从事专门历史研究的一般读者，因而未出现注释、参考文献等按照学术规范应该存在的内容。最后，非常感谢山西师大硕士研究生孟梓良、吉莉在本书写作中给予的极大帮助。

霍　斌